# 物流系统分析与设计

廖　伟◎编著

西南交通大学出版社
成　都

## 内容简介

本书主要从系统的角度介绍物流系统的相关知识，提出了物流系统的构成，将人的需求与物流活动相结合，进而全面认识各类物流活动。其主要内容包括：中国古代与近现代系统思想、国外系统思想、物流系统分析、物流战略规划及其原理与方法、物流节点线路规划原理与方法、物流标准化、物流相关信息技术及其应用、物流节点规划案例、物流线路运营案例、物流设备运作案例、物流信息技术运用案例以及各行业物流运作案例。

本书适合高等院校物流工程、物流管理等专业的本科生或物流工程专业的硕士研究生使用，也适合其他物流从业人员使用。

图书在版编目（CIP）数据

物流系统分析与设计 / 廖伟编著. —成都：西南交通大学出版社，2020.9（2021.12 重印）
ISBN 978-7-5643-7638-3

Ⅰ. ①物… Ⅱ. ①廖… Ⅲ. ①物流－系统分析－高等学校－教材②物流－系统设计－高等学校－教材 Ⅳ. ①F252

中国版本图书馆 CIP 数据核字（2020）第 173634 号

Wuliu Xitong Fenxi yu Sheji

物流系统分析与设计 | 廖 伟 编著 | 责任编辑 罗爱林 封面设计 何东琳设计工作室

印张：9.25 字数：231千
成品尺寸：185 mm × 260 mm
版次：2020年9月第1版
印次：2021年12月第2次
印刷：四川森林印务有限责任公司
书号：ISBN 978-7-5643-7638-3

出版发行：西南交通大学出版社
网址：http://www.xnjdcbs.com
地址：四川省成都市二环路北一段111号
西南交通大学创新大厦21楼
邮政编码：610031
发行部电话：028-87600564 028-87600533
定价：38.00元

课件咨询电话：028-81435775
图书如有印装质量问题 本社负责退换

# 前言

随着经济的快速发展，物流在人们工作与生活中的作用日渐突出，网购快递、美团外卖等与人们生活贴近的末端物流配送活动被人们所熟知。特别是本书出版期间正遇新型冠状病毒蔓延，人们的线上生活从购物扩展到线上办公、线上教学，同时线上购物也从过去的日用品扩展覆盖到药品、生鲜等的线上下单，这些都加速了线下物流城市配送的快速发展。如今，随着全球产业链与供应链模式的变化，某个产品或许不再是在一国境内完成，而是跨国境的各个环节的相互协同与分工，一国因疫情使产业环节受阻，该产业链上其他环节的生产也无法进行；同时，一条供应链上某个环节的停滞，也会影响该供应链上其他环节的生产加工与流通。这些都推动了经济模式的变革，以及与之对应的物流科技的快速发展，智慧物流的快速发展，实现了对产业链全局的系统认识，对物流系统的输入、输出与反馈，线下物流与线上资金流、信息流、商流的整合。因此，系统论在今天更加重要，而立足系统论的物流系统分析与设计，对促进物流业的全局系统观具有迫切的时代需求与指导意义。

物流系统分析与设计具有自然科学与社会科学相互交叉的特征，本书站在系统思想的角度，介绍中国古代系统思想以及西方系统思想，使读者了解物流系统理念的源头是从中国传统文化的系统思想认知里延伸而出，结合西方系统论的科学表达而来的，提出了物流系统的构成，并在该物流系统构成的思维框架下，分析了物流战略规划、物流节点规划、物流标准化、物流信息技术的理论知识，并整理了相关的实践案例。本书的案例是在参考国内外相关资料的基础上，结合作者多年的教学与科研经验选择的，因此案例仅能代表当时经济水平下的时代特点，在此向所引用的书籍、网址、论文的作者表示衷心的感谢。

本书适合高等院校物流工程、物流管理等专业的本科生或物流工程专业的研究生使用，也适合物流从业人员使用。同时，对商业、流通、运输、物资等物流部门管理人员和工程技术人员的实际工作具有现实指导作用，对自学者亦有重要的参考价值。

本书在写作过程中，得到了西南交通大学贺政纲老师，岳小娟、杨晓、宋金玉、叶立鹏、韩旭、廖天、杨静等同学，以及成都信息工程大学林子森同学的帮助，在此对他们的辛苦付出，深表感谢。

身处这样一个变化的时代，科技改变着人们的生产生活，过去的经济模式、流通模式、消费模式在今天都在进行重构与变化，因而物流系统也要随着经济模式、流通模式、产业模式的调整而变化，物流系统分析与设计的理论方法与实践案例也在不断发展与完善之中。由于时间仓促，加之编者水平有限，书中难免存在不妥之处，恳请广大读者批评指正。

廖　伟

2020 年 3 月于成都

# 目 录

## 第一篇 理论篇



## 第二篇 案例篇

# 第一篇 理论篇

## 第一章 系统思想

【学习目标】

1. 掌握重点

我国及国外系统思想的起源和发展。

2. 掌握难点

近代中国系统科学的发展，国外现代系统思想的发展。

3. 理解

我国和国外系统思想的演变。

### 第一节 中国古代与近现代系统思想概述

#### 一、古代朴素的系统思想

人们在长期的社会实践中逐渐形成了把事物诸因素联系起来作为一个整体或系统进行分析和综合的思想。随着系统思想的产生，逐渐形成了系统概念和处理问题的系统方法。在《周易》《老子》《庄子》《吕氏春秋》等古代著作中，都有不少应用系统思想观察和认识事物以及解决实际问题的生动事例。中国古代思想家的系统思想表现在治学和社会实践的许多方面。

古人在探索宇宙万物及其变化规律的过程中逐步形成了朴素的宇宙观。在春秋战国时期就已经形成了蕴含系统思想的阴阳、五行、八卦等学说。《易经》从自然界找出了八种基本事物，即八卦（天、地、雷、风、水、火、山、泽），并将其看作万物之源。《尚书·洪范》则把五行（金、木、水、火、土）作为构成万物的基本要素。这些学说都把宇宙看作一个整体。春秋战国时期的思想家老子（约公元前 580—前 500 年）在《老子》中说："天下万物生于有，有生于无。”他用有和无的对立统一来说明自然界的统一性以及事物之间相互联系和相互制约的关系。战国时的名家惠施（约公元前 370—前 310 年）在《庄子·天下》篇中提出“至大无外，谓之大一；至小无内，谓之小一”，说明了客观事物的整体性及其无穷的层次关系。战国时的思想家荀况（约公元前 298—前 238 年）在《荀子·天论》篇中指出“万物为道一偏，一物为万物一偏”，借以表述一个系统是更大的系统的一部分的观点，这里的万物指世界，道指宇宙。在中国古代系统思想中占有极其重要地位的天人合一说，其中天人合一是中国哲学的中心命题，也是中国文化的本质特征所在。人是自然的一部分，人与自然万物同根同源同构，因此人与自然息息相关，互相感应，形成一个具有内在联系的有机整体。也正因为人来自大自然的造化，人也就离不开自然，应该顺应自然，与自然保持和睦的关系。

战国晚期的中医经典理论著作是古人运用系统思想研究人体生理和病理现象的典范。《黄帝内经》认为，人体是由各个器官有机联系在一起的整体，一个器官的病变可能影响其他器官或整体，而整体的变化又必然会引发局部的病变。因此，它主张从整体角度来研究病理和病因，并应用脏腑学说、阴阳五行学说来说明人体的生理功能、病理变化及其相互关系。黄帝内经还把人体系统看成是自然界的一部分，认为人的养生规律与自然界的规律密切相关。它提出了“天人相应”的医疗原则，主张把自然现象、生理变化、社会生活、思想情绪等多方面的因素结合起来，从更大的整体范围来研究人体的生理和病理现象。这种整体观念后来发展成为中国传统医学指导临床诊断和治疗的基本原则。

春秋时代的军事家孙武在《孙子兵法》中主张从敌我双方战争格局这个整体出发来研究战争规律。他从道、天、地、将、法五个方面分析战争的全局，把环境（天时地利、人心向背等）、系统及其要素（敌我双方力量对比、军心、指挥、战略、战术等）统一起来进行研究。他的名言“知彼知己，百战不殆”揭示了战争的重要规律，强调要从整体上分析敌我众寡、强弱、虚实、攻守、进退等矛盾，以便扬己之长，攻彼之短，克敌制胜。孙武的军事系统思想至今仍被国内外所重视。

中国古代系统思想还反映在农业生产实践中。人们通过实践逐步认识到农业与周围环境之间存在着相互依赖和相互制约的关系。《国风·豳风·七月》中就把农作物与种子、地形、土壤、水分、肥料、季节、气候等物候和天文因素结合在一起，用相互联系的整体观点研究农事活动的规律。例如，通过天象观测掌握天体运行和季节变化的规律，编制出历法和二十四节气，以指导农事活动。

中国古代将自然系统和农业系统看成一个整体，使耕、种、耘、收、藏等农事活动同自然系统中的季节变化相适应。《陈旉农书·天时之宜篇》中说：“万物因时受气，因气发生，其或气至而时未至，或时至而气未至，则造化发生之理因之也。”即万物随着时间的推移，感受着阴阳之气的深刻影响，它们就是在阴阳之气的影响之下生长和发育的。在不同的年份中，“时”和“气”并不总是同步的，有的时候节气到了而农时未到，有的时候农时到了节气未到。在这种情况下，“造化发生之理”也就因之发生了变化。由于“阴阳有消长，气候有盈缩”，所以人们在农业生产中要达到“百谷之成，斯可必矣”的目标，必须“顺天地时利之宜，识阴阳消长之理”。《三农纪·月令》还观察到生物与天象、气象之间的整体联系，描述了草、木、鸟、兽、虫、鱼等生物，随着季节、天象和气象的变化而发生生态学演替的规律，从而给人们提供了根据物候表征来掌握天时变化和从事各种农事活动的可能。在中国古代农业中，天体运行、气候变化、物候表征和农事活动是和谐统一的。

古代的许多大型工程，如万里长城、城市园林、宫廷建造、水利工程等都体现了系统思想。

战国时期，秦国的蜀郡太守李冰父子设计的都江堰就是系统思想十分成功的实践代表。工程充分考虑到当时的社会需要和当地的自然条件进行了综合的系统规划“凿离堆，辟沫水之害”“此渠皆可行舟，余则用溉浸”“开成都两江，溉田万顷”。将人工渠与当地河道贯通，实现了水的合理分布。都江堰水利工程从渠首起，直至千支万流的渠水末梢，未见一坝一堰，完全利用天然地势，使所有水量都自然到位，没有任何外力强制，即 “水到渠成”。对于岷江的分水、泄洪、排沙等问题，在总体规划上做了全面综合治理的考虑，创造出一套合理、奇特、费省效宏的枢纽工程布局。都江堰在规划、设计、施工、维护等方面都体现了系统思想，因而费用省、收效大，又便于维护。都江堰水利工程还用刻有标记的石人组成水则信息系统。根据成都平原的水情信息来控制流量，以满足各渠系的用水需要，并防止洪水。古代由于通信条件的限制，不能及时通报水情和用水需求，为此采取了统计的方法，根据成都平原历年水情的经验数据刻画水则，参考水则来控制流量。这说明中国古代人民在 2 000 多年前就已经认识到大型水利工程中信息反馈的重要性。图 1-1 为都江堰水则信息系统框图。都江堰工程历 2 000 多年而仍能保持原有的功能，实为古代中国人民的一项伟大成就。

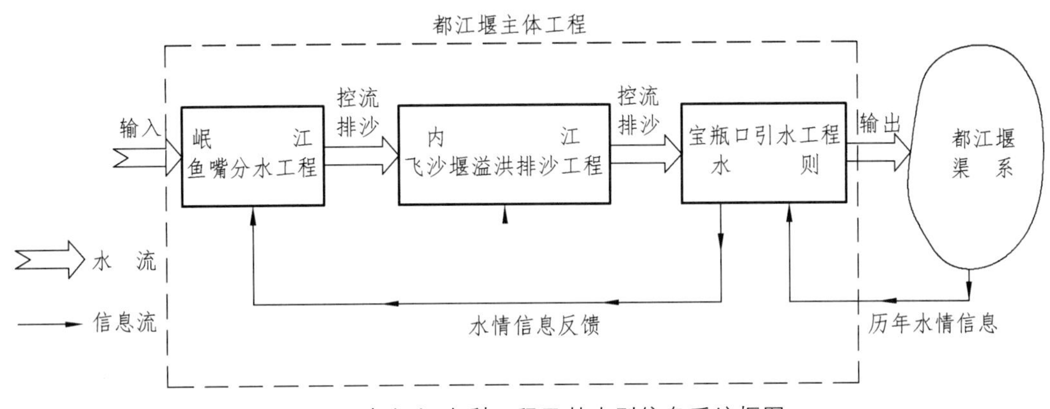

图 1-1　都江堰水利工程及其水则信息系统框图

北宋，宋真宗统治时期（公元 998—1022 年），皇城东京曾起火。一夜之间，大片的宫室楼台殿阁亭榭变成了废墟。为了修复这些宫殿，晋国公丁谓主持修缮工程。当时，要完成这项重大的建筑工程，面临三个大问题：第一，需要把大量的废墟垃圾清理掉；第二，要运来大批木材和石料；第三，要运来大量新土。不论是运走垃圾还是运来建筑材料和新土，都涉及大量的运输问题。如果安排不当，施工现场会杂乱无章，正常的交通和生活秩序都会受到严重影响。丁谓研究了工程之后，制订了这样的施工方案：首先，从施工现场向外挖了若干条大深沟，把挖出来的土作为施工需要的新土备用，于是就解决了新土问题；其次，从城外把汴水引入所挖的大沟中，于是就可以利用木排及船只运送木材石料，解决了木材石料的运输问题；最后，等到材料运输任务完成之后，再把沟中的水排掉，把工地上的垃圾填入沟内，使沟重新变为平地。依照这个施工方案，不仅节约了许多时间和经费，而且使工地秩序井然，从而使城内的交通和生活少受施工的影响。这个设计施工方案充分体现了系统优化思想。

中国古代系统思想与自然哲学有密切关系，强调对自然界的整体性、统一性的认识，但缺乏对整体各个要素的认识能力。因此，中国古代系统思想往往带有猜测和思辨的性质。古代的中国人关于整体层次发展、转化等朴素的系统思想，在中国古代社会经济和文化的发展中曾展现出智慧之光，并在大量的实践中为后人积累了统筹、协调和优化的丰富经验。因而，进一步研究和发掘中国古代的系统思想，对于丰富系统科学的理论体系仍有重要意义。

## 二、近现代中国系统科学

西方国家培养了大量的系统科学人才，其中大部分都进入了广阔的就业市场，相对而言，其系统科学的教学、科研和学术研究的主要工作仍由即将退休的大龄科研人员勉强维持。但是在中国，一大批系统科学的科研人才积极投身于相应的教学与科研岗位中，其中相当一部分学者在其相关领域做出了巨大成就，令世人瞩目。

近现代中国对于系统科学与系统工程的研究与应用始于20世纪的五六十年代。在中国的系统科学发展中，钱学森院士起到了至关重要的作用，并且做出了巨大的贡献。20世纪50年代中期，钱学森与许国志把运筹学从西方带到中国。1956年中国科学院力学研究所建立了我国第一个运筹学研究室，后来中国科学院数学研究所也建立了运筹学研究室。1960年，这两个运筹学研究室合并成为数学研究所运筹学研究室。此后，钱学森又开创并领导了中国的国防系统分析研究工作。20世纪50年代末期，中国科学家们开始将运筹学应用于国民经济发展，推动国民经济科学合理发展。20世纪60年代初期，著名数学家华罗庚在我国大力推广“双法”——优选法和统筹法，“双法”在许多地区与企业都取得了显著效果。与此同时，我国的国防尖端科技取得重大突破，相关学者在工程系统的总体设计与组织管理方面收获了丰富的经验。20世纪70年代中期，我国部分专家学者已经开始注意到系统工程在我国的发展前景，并在各种场合进行宣传。1978年9月，钱学森、许国志、王寿云等同志在《文汇报》发表的《组织管理的技术——系统工程》，在全国影响极大。1978年，西安交通大学、天津大学、清华大学、华中理工大学、大连理工大学等高校开始招收第一批系统工程专业硕士研究生，之后一批大专院校培养系统工程学科的专门科系与专业也相继正式招生。所有这些都标志着我国系统科学的发展已进入一个新的发展阶段。1979年10月，在北京召开的系统工程学术会议上，钱学森、关肇直、许国志、宋健等21位学者联合倡议筹建中国系统工程学会。1979年10月，中国科学院系统科学研究所成立。1980年11月，中国系统工程学会在北京正式成立，揭开了我国系统科学和系统工程发展的新篇章。

截至目前，系统工程经过老中青三代系统工程工作者的努力，在理论研究和应用实践及人才培养等方面均取得了令人瞩目的成绩，已受到国际系统工程界的广泛关注和高度重视。在系统科学方面，以钱学森为首的系统工程学者正在孕育创建“系统学”；在系统方法论方面，许国志创造性地提出“事理学”，即物理-事理-人理系统方法和针对复杂巨系统的“从定性到定量综合集成方法”。在建模、分析、算法、优化、决策、评价、复杂性、智能化等理论方法方面已有不少建树和应用。在军事、社会、经济、人力、能源、农业、水资源、生态环境、交通、城市规划、科技、教育、大型工程项目、过程系统、医学、法制、企业管理、财贸、金融、卫生、体育乃至国家机关和乡镇企业等方面都有成果显著的应用。在宏观战略和微观分析的应用方面同样成绩斐然。系统工程在国民经济建设中大有可为已得到证实。今天，从中央文件到各级领导讲话中经常提到一些复杂的综合性的重大问题称之为“这是一项系统工程”，这不能不说它确实已经深入人心。系统科学作为一门一级学科的地位已为我国学术界所认可。近现代，中国对于系统科学的研究可以大致分为以下两个重要组成部分。

**1．系统科学体系**

我国系统工程研究起点较高，对系统工程的理解比国外要深入，并且有自己的特色。早在 1978 年，钱学森等就将国内外学者对系统工程的不同定义进行了总结，将系统工程与运筹学、控制论与管理科学等统一起来，认为这都是组织管理的技术，并统一成一个名称：系统工程。同时，许国志首先提出“事理”的概念，后来又形成“事理学”。顾基发等在 20 世纪 90 年代又形成了物理-事理-人理系统方法论。1979 年，钱学森先生率先提出建立系统科学体系。他把各门具体的系统工程看成工程技术，而把运筹学、控制论和信息论等看成技术科学，最后把系统学作为系统科学的基础科学。关于这个基本体系的具体内容，他一直在不断探索和完善。1989 年钱学森在系统方法论方面创造性地提出针对开放复杂巨系统的从定性到定量综合集成方法。1992 钱学森年又进一步提出了这一方法的应用形式，建立了“从定性到定量综合集成研讨厅体系”。

**2．系统学**

（1）以钱学森为首的一批系统工程学者，于 1986 年组织了“系统学讨论班”，在探索和建立系统学方面取得了新的进展。

（2）20 世纪 70 年代中期，廖山涛研究的微分动力体系成果，在 1987 年荣获国家自然科学奖一等奖。

（3）作为系统科学中的一个重要分支 ——模糊数学与模糊系统，在 20 世纪 70 年代末，被列入世界模糊研究四支力量之一，一直与美国、西欧、日本等并驾齐驱。蒲保明、刘应明的关于不分明拓扑的基础性研究获国家自然科学奖四等奖。在历次国际模糊系统会上，中国学者发表的论文受到国外同行好评，有的论文还被列入“重要进展者”的论文集中。l986 年我国加入国际模糊系统协会（IFSA）成立中国分会，l993 年刘应明当选为 IFSA 副主席、汪培庄当选为 IFSA 中国分会主席。1987 年创办《模糊系统与数学》杂志，并于 1991 年被列入美国权威文摘《数学评论》的核心期刊及《中国数学文摘》的核心期刊。

（4）系统科学的另一个分支 ——系统动力学，近年来也取得一系列成果：应用系统动力学方法建立了一批全国二级、省市一级的社会经济模型，如 2000 年中国研究中的长期发展趋势模型、新疆宏观经济模型 ——SD、北京市生态环境模型、海伦市经济发展主体模型、西双版纳综合开发模型等；出版专著近 20 本，发表论文 200 多篇，其中约 20 项分别获国家科学技术进步奖一等奖、二等奖和省市科学技术进步奖。

（5）系统科学的方法论分支，如多目标决策方法、层次分析方法（AHP）、数据包络分析法（DEA）、向量变分不等式等在国内得到迅速发展，都达到相当高的学术水平。

（6）除了上述理论外，我国吴学谋、邓聚龙还分别提出了泛系和灰色系统理论，同时社会科学及哲学工作者提出的系统辩证法也引起了学术界的关注。

尽管我国的系统科学和系统工程取得了巨大成绩，但还是不能完全令人满意，一些重大理论成果仍未充分发挥其应有的作用，系统科学想要在中国取得更恢宏的成就，还需要系统科学与系统工程相关学者更艰苦卓绝地辛勤工作，发扬学者求实严谨的态度和勇于开拓的科研精神，从而使中国系统科学在将来的社会经济发展中发挥出更为巨大的作用。

## 第二节　国外系统思想概述

### 一、国外古代朴素系统思想

早在古希腊的哲学思想中，就已经有了朴素的系统思想，这也是系统科学思想的萌芽。古希腊辩证法奠基人之一赫拉克利特（Herakleitos，约公元前 540—前 470 年）在《论自然界》一书中说过："世界是包括一切的整体。"古希腊唯物主义哲学家德谟克利特（Demokritos，约公元前 460—前 370 年）在《宇宙大系统》中指出："宇宙是一个大系统。"另外，后人也将亚里士多德的名言归纳总结为"总体大于部分之和"。从这些古希腊的著作中我们可以看出，朴素的系统观念早在人类开发和改造自然的早期活动中就已经存在了，只是当时人们对系统的认识还停留在简单的、不能形成清晰思想体系的阶段。

虽然在古代朴素唯物主义哲学思想中就强调对自然界要从总体和统一的角度来认识，但缺乏对这一总体各个细节的认识能力，因此，它对于总体和统一的认识也是不完全的。随着近代科学的兴起，15 世纪下半叶，力学、天文学、物理学、化学、生物学等相继从哲学的统一体中分离出来，形成了自然科学。至此便开始有了对自然界这个统一体各个细节的认识与研究。

### 二、国外近代系统思想

各个学科从哲学中分离出来之后，近代科学技术取得了长足的发展，形成了许多科学理论并被不断完善，也形成了自然科学。从此，古代朴素的唯物主义哲学思想就逐步让位于形而上学的思想。形而上学的出现虽然符合历史需要，但是它有自身的局限性。德国物理学家普朗克（Max Karl Ernst Ludwig Planck，1858—1947 年）指出："科学是内在的整体，它被分解为单独的部分不是取决于事物本身，而是取决于人类认识能力的局限性。实际上存在着从物理学到化学，通过生物学和人类学到社会学的连续的链条，这是任何一处都不能被打断的链条。"而系统思想、系统工程和系统科学就是研究这根链条的。在近代科学发展的这些基础之上，系统思想便进一步从经验上升为哲学，从思辨演变为定性的论述。19 世纪，自然科学取得了伟大的成就，特别是能量守恒和转化定律、细胞学说以及生物进化论三大发现，使人类对自然的认识有了质的飞跃。

### 三、国外现代系统思想

#### 1. 20 世纪 30—40 年代：系统认识论时期

从上面的内容可以看出，系统观念的出现是由来已久的事，但真正提出"系统"这一概念是在 20 世纪 40 年代。1937 年，美籍奥地利生物学家贝塔朗菲在美国芝加哥大学主持的哲学讨论会上发表了一次演讲，在演讲中第一次提出了一般系统论的概念，后来又于 1945 年在《德国哲学周刊》上发表了《关于一般系统论》一文，把一般系统论学科的研究推向了高潮，这篇具有划时代意义的文章标志着一般系统论的诞生。一般系统论是系统思想的核心，它不仅是系统哲学的科学基础，也是系统工程的理论基础，所以说，它的创立标志着系统思想的成熟。作为一门学科，它研究了系统的层次性、整体性、动态性、开闭性以及系统中体现的“关系”和“目标”等。

2. 20 世纪 40—60 年代：系统论时期

随着社会实践活动的大型化和复杂化，仅对系统进行定性分析已经很难完全解决当代社会中各种复杂的系统问题。对于定量的系统方法的需要越来越迫切。特别是在战争中，其决策直接关系到一个国家的命运。因此，在第二次世界大战中，后勤保障以及资源管理的应运而生，为系统思想的实践提供了一个良好的实验场所。对于像战争这样紧急、复杂、变化多端的事件，系统科学的方法在解决诸如提供技术上的支持、各种战果的评估、某种战术上的革新创造、战术上的规划以及战略上的选择等问题上，都能起到重要的作用。虽然当时系统观念无论在理论上还是在实践中都不大普及，但是后勤保障和资源管理本身的特性决定了人们必须在管理中采用整体的和数量分析的方法。这些研究的最终结果就是有了信息论、控制论、运筹学和管理科学的出现。1946 年，美国学者莫尔斯（P.M.Morse）和金博尔（G.E.Kimball）编写了 *The Methods of Operations Research*（《运筹学的方法》）一书。1948 年，美国科学家维纳（Norbert Wiener，1894—1964 年）编写了 *Cybernetics or Control and Communication in the Animal and the Machine*（《控制论，或关于在动物和机器中控制和通信的科学》）一书。同年，香农（C.EShannon，1916—2001 年）在《贝尔系统技术杂志》上发表了 *Mathematical Theory of Communication*（《通信的数学理论》）。这些都是当时关于系统思想的学术成果，而且也分别是运筹学、控制论和信息论学科诞生的标志。

3. 20 世纪 60—70 年代：系统学时期

第二次世界大战之后，定量的系统分析方法随着电子计算机的广泛使用而被运用于工程、经济、社会等复杂大型系统的问题分析中。在这些运用过程中，系统思想和方法有了数学表达式和计算工具，它就从一种哲学思维发展成为一个专门的学科，也就是系统工程。

系统工程从辩证唯物主义中吸取了丰富的哲学思想，从运筹学、控制论、信息论以及其他工程学科和社会学科中获得了定性与定量相结合的科学分析方法，并大量运用于实践。当代科学技术的快速发展也带动了系统思想的发展，它一方面使系统思想定量化，通过对数学理论的运用，使系统思想成为能定量处理系统各个部分的关联的科学方法；另一方面为定量化系统思想的应用提供了电子计算机这一有力硬件保障，从而扩大了运筹学、控制论、信息论的科学的、定量的系统思想的适用范围。

20 世纪七八十年代，出现了系统自组织理论。布里高津（I.Prigogine，1917—2003）1969 年在物理-化学系统的动力学实验基础上提出了耗散系统论。同年，德国物理学家哈肯（H.Haken，1927—2002）通过激光系统的实验考察独立于耗散系统论而提出了一套系统学基础理论——协同论。法国数学家托姆（R.Thom，1923—2002）于 1967 年完成，1972 年正式出版专著《结构稳定性与形态发生学》，宣告创立了突变论。这些都是这一时期系统思想中出现的代表理论。

4. 20 世纪 80 年代以来：系统学原理

20 世纪 80 年代以来，非线性科学和复杂性研究的兴起对系统科学的发展起到了非常积极的推动作用。探索复杂性是 80 年代以来系统学的核心问题。首先，它是系统学深入和发展的必然，必然需要进入方法论层次，去探索更为广泛的“系统”概念下的深层次问题，也就是做原理、机制、机理的探索。其次，这也使整个科学进入软科学时代，非线性科学时代和不确定性科学时代是同步的，是在其刺激之下的继续发展。1984 年，在美国新墨西哥州首府圣达菲，以 3 位美国诺贝尔奖获得者，物流学家盖尔曼（M.Gell-mann）、经济学家阿罗（K.J.Arrow）和物理学家安德森（P.W.Anderson）为首的一批不同科学领域的著名科学家组织和建立了圣达菲研究所（Santa Fe Institute，SFI），这标志着国际学术界兴起了对复杂性的研究。

**【思考题】**

1. 试述我国古代系统思想的特点。
2. 试述国外系统思想与我国系统思想的异同。
3. 试述“整体大于部分之和”这句话的意义。

# 第二章　物流系统分析

**【学习目标】**

1. 掌握重点
物流系统分析及各要素构成。
2. 掌握难点
物流系统分析构成图。
3. 理解
系统的构成及系统分析的含义。

## 第一节　系统分析概述

用系统观点来研究物流活动是现代物流科学的核心问题。

“系统”这个词来源于古希腊语 System，有“共同”和“给以位置”的含义。现代关于系统的定义很不统一，一般可以理解为“系统是由两个以上相互区别或相互作用的单元之间有机地结合起来，完成某一功能的综合体”。每一个单元也可以称为一个子系统。系统与系统的关系是相对的，一个系统可能是另一个更大系统的组成部分，而一个子系统也可以分解成更小的系统。由定义可知，系统的形成应具备下列条件：

（1）系统是由两个或两个以上要素组成的；

（2）各要素间相互联系，使系统保持相对稳定；

（3）系统具有一定的结构，保持系统的有序性，使系统具有特定的功能。

系统分析是从系统的最优出发，在选定系统目标和准则的基础上，对构成系统的各级系统的目的、功能、环境、费用等进行充分的调研、收集、比较、分析和数据处理，运用科学的方法进行建模、分析、实验，寻求使系统的整体效益最佳和有限资源配置最佳的方案，为决策者的最后决策提供科学依据和信息。

## 第二节　物流系统分析概述

物流系统分析是指在一定时间、空间里，将其所从事的物流事务和过程作为一个整体来处理，以系统的观点、系统工程的理论和方法进行分析研究，以实现其空间和时间的经济效益。

对物流系统进行系统分析，可以了解物流系统各部分的内在联系，把握物流系统行为的内在规律，进而对物流系统的设计、改善和优化做出正确决策。所以，无论从系统的外部还是内部，无论设计新系统还是改造现有系统，系统分析都是非常重要的。

物流系统由各种要素构成，具体如下：

## 一、一般要素

（1）人的要素：人是所有系统的核心要素，也是系统的第一要素。

（2）资金要素：资金是所有企业系统的动力。

（3）物的要素：包括物流系统的劳动对象，即各种实物。

（4）信息要素：包括物流系统所需要处理的信息，即物流信息。

## 二、功能要素

物流系统的功能要素是指物流系统所具有的基本能力。这些基本功能按一定的方式有效地组合在一起，共同完成物流系统的目标。

物流系统的功能要素：运输、储存保管、包装、装卸搬运、流通加工、配送和物流信息。上述功能要素中，运输及储存保管分别解决了供给者与需求者之间场所和时间的分离，分别是物流创造空间价值和时间价值的主要功能，因而在物流系统中处于主要功能要素的地位。

## 三、支撑要素

物流系统处于复杂的社会经济系统中，物流系统的建立需要有许多支撑手段，要确定物流系统的地位，以及协调与其他系统的关系，这些要素都是必不可少的。物流系统的支撑要素主要包括体制和制度、法律规章、行政命令和标准化系统等。

（1）体制和制度：物流系统的体制和制度决定了物流系统的结构、组织、领导和管理方式，由国家对其进行控制、指挥。有了这个支撑条件，物流系统才能确立其在国民经济中的地位。

（2）法律规章：物流系统的运行，不可避免地涉及企业或者人的权益问题。法律规章一方面可以限制和规范物流系统的活动，使之与更大系统相协调；另一方面也可以给予保障，合同的执行、权益的划分、责任的确定都需要依靠法律规章来维系。

（3）行政命令：物流系统一般关系到国家军事、经济的命脉，所以行政命令等手段也常常是支持物流系统正常运转的重要支持要素。

（4）标准化系统：实施标准化保证物流环节协调运行，是物流系统与其他系统在技术上实现无缝连接的重要支撑条件。

## 四、物质基础要素

物流系统的建立和运行，需要大量的技术装备手段。这些手段的有机结合，构成了物流系统的物质基础要素。这些要素对实现物流系统的运行具有决定性的作用。

（1）基础设施包括物流场站、物流中心、仓库、物流线路、建筑、公路、铁路、港口等。

（2）物流装备：包括仓库货架、流通加工设备、运输设备、装卸搬运机械、分拣设备等。

（3）物流工具：包括包装工具、维修保养工具、办公设备等。

（4）信息技术及网络：根据所需信息水平不同，分为通信设备及线路、传真设备、计算机及网络设备等。

## 第三节　物流系统分析构成图

关于物流中“物”的认识，目前普遍认为是除人以外的客观实体，是否要把人包括在内一直存在争议。其实，在中国古代，“人与物”是一个概念，即“人”也是物。从认识观的角度看，目前可以将物流的“物”分为狭义的物与广义的物。狭义“物”指除人以外的客观实体。广义的“物”还包括人。具体对于物的构成的认识，如图 2-1 所示。

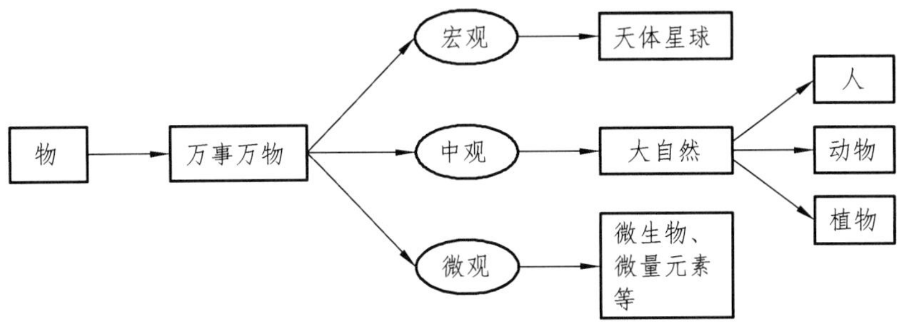


图 2-1　物的构成

由图 2-1 可知，物本应包括万事万物，可以大到宇宙星球天体，也可以小到微观的微生物、微量元素等人眼看不到的事物，甚至是人活动范围所在的大自然。这里只从地球的角度来看，以人为本，以人为核心来进行分析。根据人在地球上的活动所产生的流动来进行讨论。人的需求是多样化的，有多少需求就会派生出对应的物流需求。人的需求有实体的物，也有虚拟的游戏等，即物的形态包含有形与虚拟，在此只讨论实体的物。根据人的活动，将其需求归结为三类：安全保障需求、生活环境需求、生存发展需求。

安全保障需求：人为了能和平安全地生活，产生出面对自然灾害的应急物流，安全生存得到保障的军事物流等。

生活环境需求：人对所处的自然环境的保护产生绿色物流，自然中的动植物的物流活动，在这里被称为活体物流。

生存发展需求：人的生存发展需求包括基本生存的吃穿住行以及物质享受、精神享受一类的发展需求，由此便产生了农产品物流、医药物流、电子产品物流等。

人的需求与派生出的物流活动如图 2-2 所示。

从图 2-2 可知，人的生存需求和发展需求构成了现有的行业物流、人的基本生存，以及家庭的物流活动、办公工作的物流活动等，而人的消费产生了批发物流、连锁物流、电子商务物流、国际贸易物流。这些是以商业形态展示的。随着商业形态的变化，会产生新的物流形式，也会消失一些物流形式，图 2-2 没有罗列商业业态的物流模式，而是以物即行业来罗列物流活动的。这里还可根据不同的分类标准，划分出不同类别的物流活动。

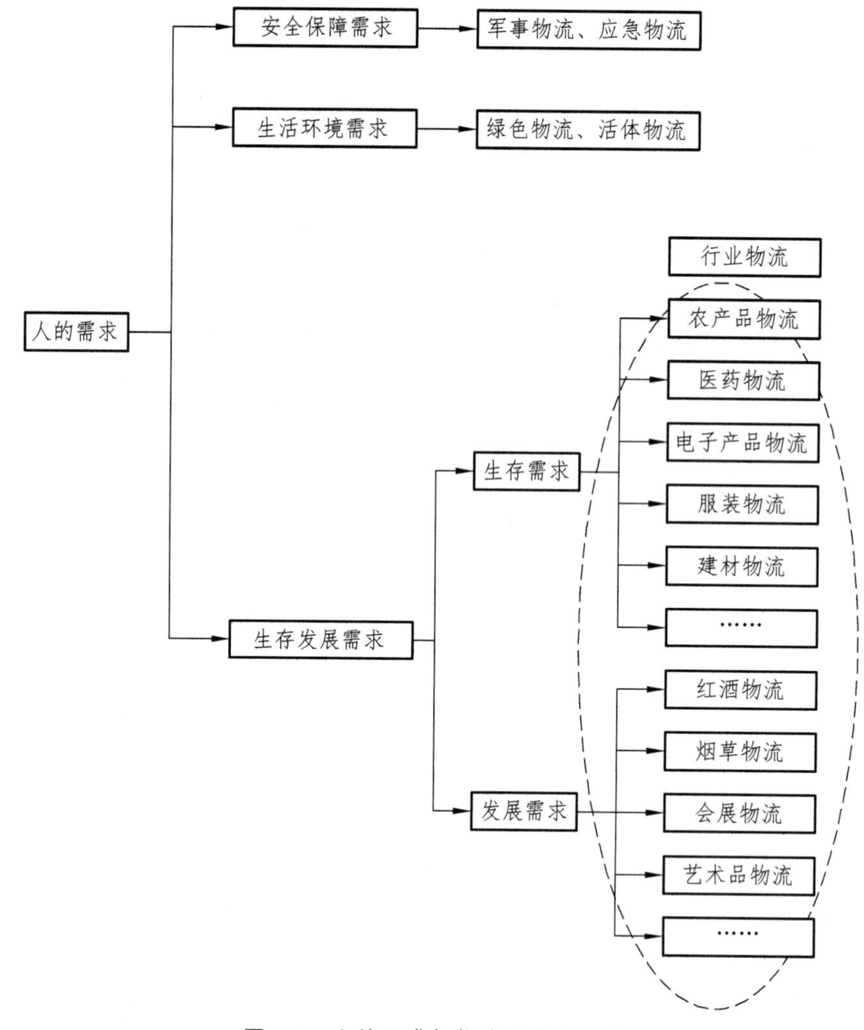


图 2-2　人的需求与物流活动的关系

（1）根据物的形态分，物有固体物流、液体物流、气体物流。

（2）根据物在生产过程中的流动分，物有原材料物流、半成品物流、产成品物流。

（3）根据物在商业业态中的流动分，物有批发物流、连锁物流、零售物流、电子商务物流、国际贸易物流。

（4）根据物在企业生产中的活动分，物有供应物流、生产物流、销售物流、回收和逆向物流。

（5）根据物的流动空间范围分，物有企业物流、供应链物流、城市物流、区域物流、国际物流。

本书主要讨论经济领域的物流，因此对图 2-2 中人的安全保障需求和生活环境需求所派生出的物流活动不做讨论。

根据系统的思想，构建出物流活动的基本图。物的流动由三个平台构成，具体包括：基本平台、信息平台和管理平台。物的流动的基本平台如图 2-3 所示。

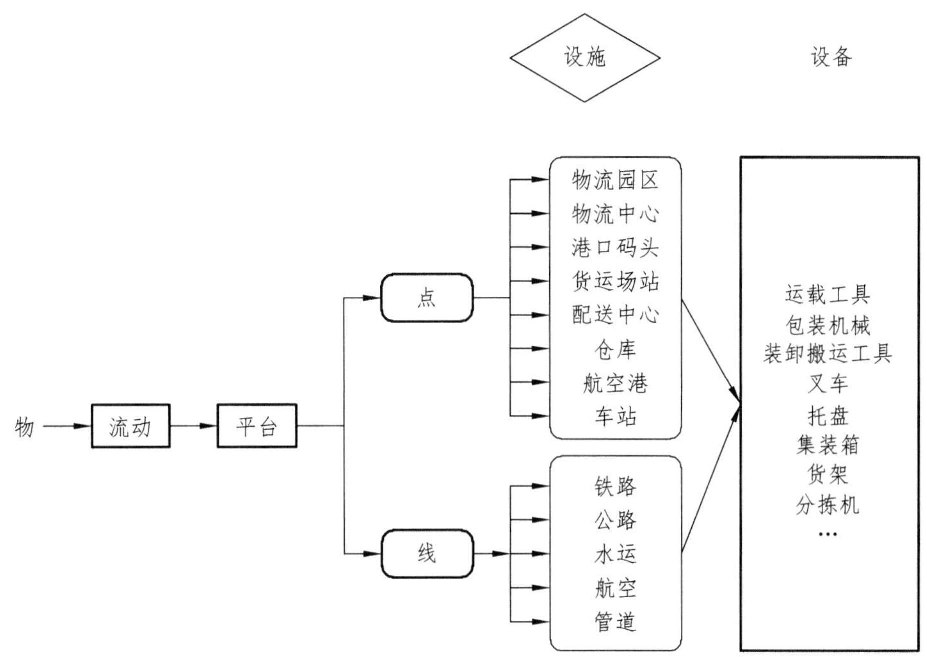


注：① 物：指有形实体，包括人。
② 流动：包括静态和动态，如仓库节点属静态、在途运输属动态。
③ 平台：实物流动实现的基础必备条件，包含设施与设备。

图 2-3 物的流动的基本平台

物的流动主要考虑经济领域，因此平台的建设均从经济领域来考虑。

图 2-3 为物的流动的实体平台，该平台由点和线两部分组成。点即指物流节点，包括物流园区、物流中心、港口码头、货运场站、配送中心、仓库、航空港等。线即线路，包括铁路、公路、水运、航空、管道五种运输线路。点和线包括的内容也叫物流设施，一般由政府负责规划实施。在点线上除了设施外，还有实现物流作业的设备，包括各种运载工具、仓储设备、装卸搬运设备等。

实体物的流动是物流的核心，而信息流、资金流都是以物的流动为核心的，信息流使实体物更有效地流动，资金流体现物的流动价值。

为了对实体物的流动进行有效的管理与控制，于是便产生了物流管理的各种手段，以及信息科技时代借助信息科技来更好地实现物的有效流动。

物流信息技术是第三次科技革命时代信息技术的衍生，其对物流活动具有支撑作用。物流信息技术的构成如图 2-4 所示。

由图 2-4 可知，物流信息技术主要由硬件和软件两部分组成。硬件包括各种信号塔、数据交换机、条形码、标签等；软件即为实现物流运作的各种工具，如 TRM、VMI、WMS、ERP 等。

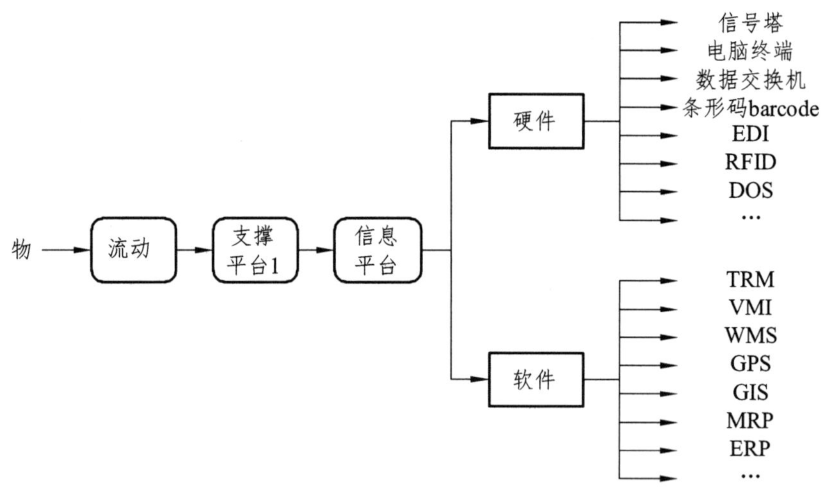


注：在信息科技时代，信息技术帮助我们进行事先的管理与控制。

图 2-4　物流信息技术的构成

物流的支撑平台除了信息技术，还有物流管理活动。物的流动的管理平台如图 2-5 所示。

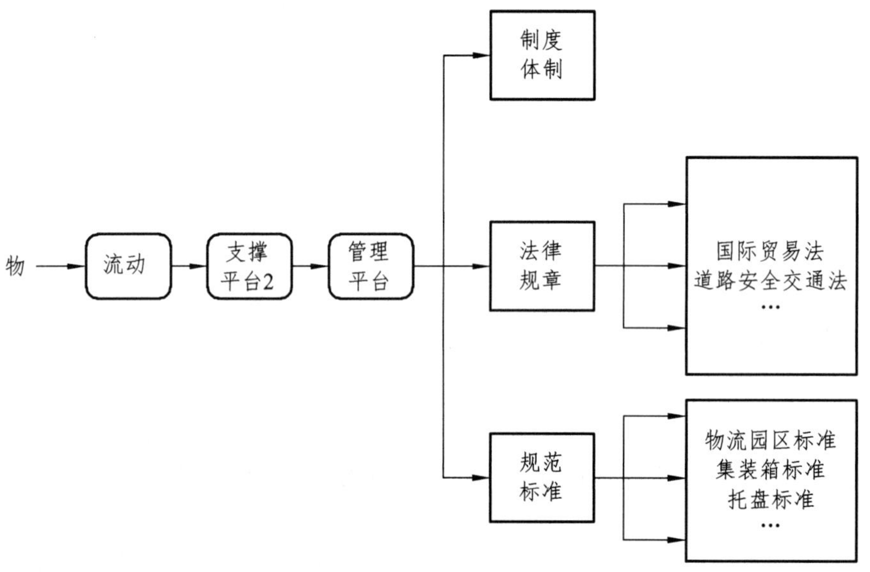


图 2-5　物的流动的管理平台

管理平台包括制度体制、法律规章、规范标准等，这也是物流系统的支撑要素所包含的内容。

## 【思考题】

1. 简述物流系统的构成要素。
2. 如何理解物流系统的分类?
3. 以某个行业物流为例进行系统分析。

# 第三章　物流战略规划

【学习目标】

1. 掌握重点
物流战略规划的设计。
2. 掌握难点
物流战略规划的流程。
3. 理解
物流战略规划的主要领域。

## 第一节　物流战略规划概述

### 一、物流战略概述

#### （一）物流战略的概念

物流战略（Logistics Strategy）是企业为了更好地开展物流活动而制定的行动指南，是企业为实现经营目标，通过对企业的外部环境和内部资源的分析而制定的较长期的全局性的重大物流发展决策。它作为企业战略的组成部分，必须服从企业战略的要求。

#### （二）物流战略的特征

企业物流战略作为企业较长时期内的物流发展决策，具有目的性、长期性、竞争性、系统性四个特征。

**1．目的性**

企业物流战略制定与实施的目的是使现代企业在变化着的竞争环境中能够生存和发展。企业物流战略的实施要与日常的经营计划结合在一起，并同时把近期目标与长远目标结合起来，把总体战略目标与局部战术目标统一起来，从而调动各级管理人员参与战略管理的积极性，充分利用企业的各种资源并提高协同效果。

**2．长期性**

物流战略的长期性就是在环境分析和科学预测的基础上，展望未来，为企业物流活动谋求长期发展目标。

3．竞争性

企业物流战略必须面向未来进行物流发展的全局性设计和谋划，设计现代企业的竞争战略以保持企业竞争优势，从而使战略具有对抗性、战斗性。竞争性是企业制定物流战略时另一个重要的特征，与前两个特征相辅相成，存在密切的联系。

4．系统性

任何战略都有一个系统的模式，既要有一定的战略目标，也要有实现这一目标的途径和方针，还要制定政策和规划，由此构成一个战略体系。

（三）物流战略的构成

根据物流战略的层次结构，物流战略从上到下包括全局战略、结构性战略、功能性战略以及基础性战略。它们分别被组织在四个重要层次上，构成物流战略金字塔，确立了企业设计物流战略的框架。这四个层次的物流战略具体又包含了十个关键部分，如图 3-1 所示。

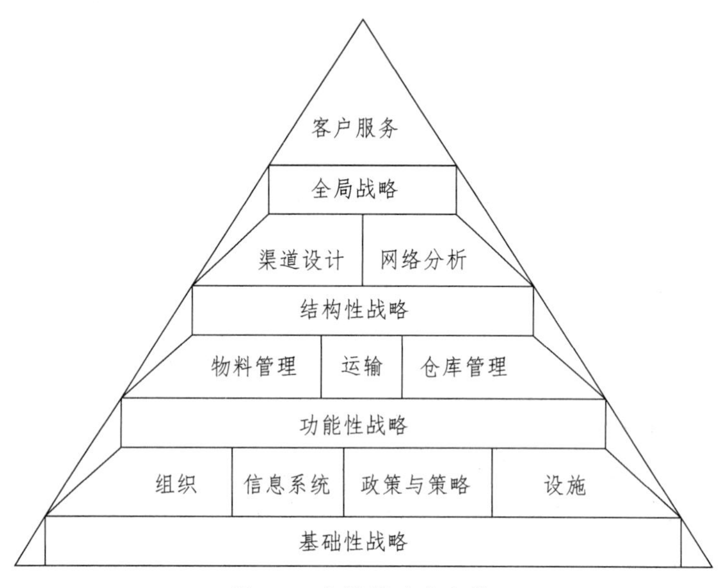


图 3-1　物流战略金字塔

## 二、物流战略管理概述

（一）物流战略管理的概念

“战略管理”一词最初是由美国学者安索夫在其 1976 年出版的《从战略规划到战略管理》一书中提出的。他认为，企业的战略管理是指将企业的日常业务决策与长期计划决策相结合而形成的一系列经营管理计划。而斯坦纳在 1982 年出版的《企业政策与战略》一书中认为，企业战略管理是确定企业使命，根据企业外部环境和内部经营要素确定企业目标，保证目标的正确落实并使企业使命最终得以实现的一个动态过程。

物流战略管理（Logistics Strategy Management）是指对企业的物流活动实行的总体性管理，是企业制定、实施、控制和评价物流战略的一系列管理决策与行动。其核心问题是使企业的物流活动与环境相适应，以实现物流的长期、可持续发展。

### （二）物流战略管理目标

企业物流战略的目标与企业物流管理的目标是一致的，在保证物流服务水平的前提下，实现物流成本的最低化。具体表现在三个方面：提高服务水平、降低成本、减少资金占用。

#### 1. 提高服务水平

物流的核心是服务，企业在发展过程中会通过物流技术设备的更新和管理理念的进步不断提高自己的服务水平。尽管提高物流服务水平将大幅度提高物流成本，但收入的增长可能超过物流成本的上升，对整个企业利润的增加都会有所帮助。

#### 2. 降低成本

在现代企业的经营中，一方面，在企业收益不变的情况下，如果企业能够降低成本支出就可以实现企业利润增加的目标；另一方面，物流成本可以起到财务杠杆作用。物流战略实施的目标是将总成本降到最低。

#### 3. 减少资金占用

物流战略实施的目标是物流系统的投资最小化。一般情况下，企业是通过减少资金占用从而实现投资最小化。

### （三）物流战略管理原则

企业在进行物流战略管理时必须结合企业资源情况、获取资源的途径与能力等特点综合分析，并按照战略协同、寻求优势、合理有限、区域平衡、阶段发展和系统化的基本原则指导物流战略管理系统的运行。

#### 1. 战略协同

战略协同是指两个以上的公司在确定长期目标、发展方向和资源配置的物流战略管理过程中，各自拥有的技能、资源通过交流和共享形成核心竞争力，通过核心竞争力的转移和扩散，获得各自业绩的大幅提升。战略协同可以是外部的，即在没有产权关联关系的公司之间发生的，体现为战略联盟、供应链联盟、虚拟企业，也可以是内部的，即在一个企业集团内部成员公司之间发生的。通常，一个企业集团的战略协同既有内部的也有外部的，以内部为主还是以外部为主反映为企业集团经营领域是专业化经营还是多元化经营。专业化经营企业集团势必更多的是在外部寻求战略协同，多元化经营企业集团主要在内部进行战略协作。

#### 2. 寻求优势

寻求优势是指企业通过内外部环境分析后，找到自己的优势与劣势、机会与威胁，并从战略高度寻求使企业长期具有竞争优势的物流战略管理。

#### 3. 合理有限

合理有限是指企业在物流战略管理中有效地将有限的人、财、物等资源分配到合理的用途中。

4. **区域平衡**

区域平衡是指在战略管理中企业各区域各部门应同步发展，避免出现某些区域或部门的两极分化发展。

5. **阶段发展**

阶段发展是指企业的物流战略管理是对企业较长时期物流的战略决策，但在其实施过程中要分阶段进行。

6. **系统化**

系统化是指企业在物流战略管理过程中从系统的角度进行各项物流活动，使企业的整体利益最大化。

### （四）物流战略管理的内容

物流战略管理是对企业未来的物流发展方向制定决策和实施这些决策的动态过程。一个规范性的、全面的物流战略管理主要包括物流环境分析、物流战略目标制定、物流战略实施以及物流战略控制四个阶段，如图 3-2 所示。

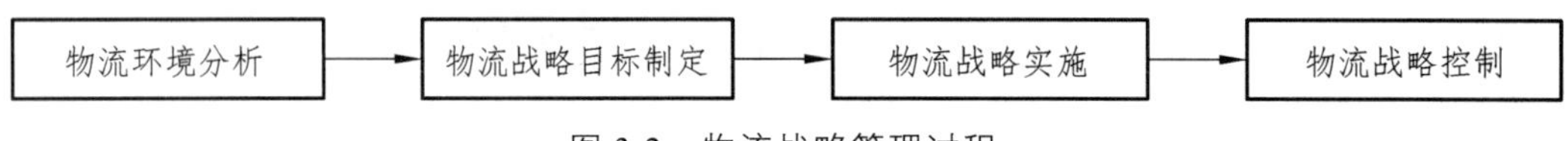


图 3-2　物流战略管理过程

1. **物流环境分析阶段**

企业战略环境分为外部环境与内部环境两个方面，其中，外部环境又可分为宏观环境（指社会、政治、经济、技术等因素）和微观（特殊、行业）环境（指企业经营的特定行业与竞争者状况等）。外部环境给企业带来一定的机遇和威胁，它是形成企业现状及其未来发展的外部条件。内部环境指企业自身的资源及其经营管理系统的各个方面，如物流、研究开发、产品制造、人力资源、销售、财务及过去所制定的目标、战略等。

物流环境分析阶段最主要的工作就是对与企业物流战略制定密切相关的内部与外部环境等进行系统的分析与评价，并根据分析与评价结果了解企业的优势和劣势，进而制定物流战略。

2. **物流战略目标制定阶段**

企业物流战略目标是企业制定物流战略的基本依据和出发点，它明确了企业的努力方向，表明了企业的行动纲领。它是企业物流战略实施的指导原则，也是企业战略控制的评价标准。物流战略目标必须是具体的、可衡量的，以便对目标能否最终实现进行比较客观的评价考核。因此，制定企业物流战略目标是制定企业物流战略的前提和关键。

在制定物流战略目标前，企业首先要明确物流发展的任务，即思考面向何种行业、面向何种企业、面向何种产品、面向何种区域等问题。

一个企业可能会制订出达到战略目标的多种战略方案，这就需要对每种方案进行鉴别和评价，以选择适合企业自身的方案。目前，对战略的评价已有多种战略评价方法或战略管理工具，如波士顿矩阵法、通用电气公司的战略规划矩阵法等。这些方法已广泛地运用于发达国家的企业中。

### 3．物流战略实施阶段

物流战略目标制定以后，随之进入战略实施阶段。物流战略实施阶段的主要工作是调整组织结构、组织强有力的领导班子、制定有关职能战略、进行资源分配、形成鼓舞士气的公司文化、制定有关的企业政策等。此外，对于战略实施过程中可能遇到的各种障碍，企业也必须设法加以克服。

### 4．物流战略控制阶段

物流战略控制是企业对正在实施的物流战略进行监督调整，也就是将物流战略实际执行情况与预定标准相比较，然后采取措施纠正偏离标准的误差。物流战略控制的目的是在问题变得严重之前就提醒企业高层管理者加以解决，以保证各项物流战略的顺利实施，从而完成预期目标。

# 第二节　物流战略管理原理与方法

## 一、波特五力分析模型

### （一）简介

波特五力分析模型，又称波特竞争力模型，是由哈佛大学商学院的迈克尔·波特于 1979 年创立的用于行业分析和商业战略研究的理论模型。该模型在产业组织经济学基础上推导出决定行业竞争强度和市场吸引力的五种力量。此处的市场吸引力可理解为行业总体利润水平。“缺少吸引力”意味着前述五种力量的组合会降低行业整体利润水平，而一个非常缺少吸引力的行业则意味着该行业接近于完全竞争市场，该行业中的厂商利润率趋近于 0。

### （二）波特五力分析模型的内容

波特五力分析模型将大量不同的因素汇集在一个简单的模型中，以此分析一个行业的基本竞争态势。五力分析模型确定了竞争的五种主要来源，即供应商和购买者的讨价还价能力、潜在进入者的威胁、替代品的威胁以及目前在同一行业的公司间的竞争，如图 3-3 所示。

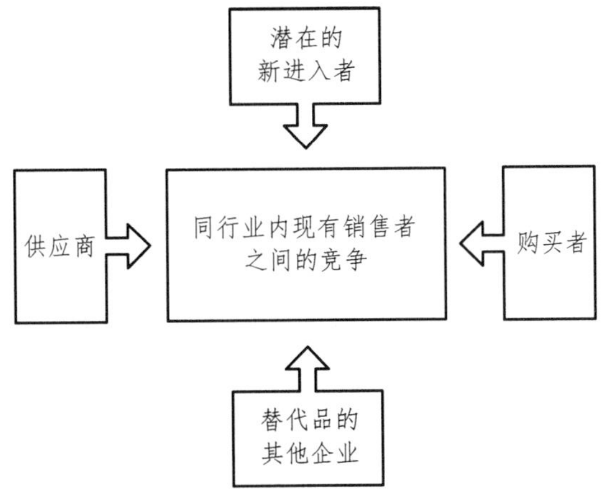


图 3-3　波特五力分析模型

1. 供应商的议价能力

供应商主要通过提高投入要素价格与降低单位价值质量的能力，来影响行业中现有企业的盈利能力与产品竞争力。供应商力量的强弱主要取决于他们所提供给购买者的是什么投入要素，当供应商所提供的投入要素的价值构成了购买者产品总成本的较大比例，对购买者产品生产过程非常重要，或者严重影响买主产品的质量时，供应商对于购买者的潜在讨价还价力量就大大增强。一般来说，满足如下条件的供应商集团会具有比较强的讨价还价能力。

（1）供应商行业被一些具有比较稳固的市场地位而又不受市场激烈竞争困扰的企业所控制，其产品的购买者很多，导致每一单个购买者都不可能成为供方的重要客户。

（2）供应商各企业的产品各具一定特色，导致购买者难以转换或转换成本太高，或者很难找到可与供应商产品相竞争的替代品。

（3）供应商能够方便地实现前向联合或一体化，而购买者难以实现后向联合或一体化。

2. 购买者的议价能力

购买者主要通过压价与要求供应商提供较高的产品或服务质量的能力，来影响行业中现有企业的盈利能力。一般来说，满足如下条件的购买者可能具有较强的讨价还价能力：

（1）购买者的总数较少，而每个购买者的购买量较大，占了供应商销售量的很大比例。

（2）供应商行业由大量相对来说规模较小的企业所组成。

（3）购买者所购买的基本上是一种标准化产品，同时向多个供应商购买产品在经济上也完全可行。

（4）购买者有能力实现后向一体化，而供应商不可能实现前向一体化。

3. 新进入者的威胁

新进入者在给行业带来新生产能力、新资源的同时，可能会与现有企业发生原材料与市场份额的竞争，最终导致行业中现有企业盈利水平降低，严重的话还有可能危及这些企业的生存。新进入者威胁的严重程度取决于两方面的因素：进入新领域的障碍大小和预期现有企业对于进入者的反应情况。

进入障碍主要包括规模经济、产品差异、资本需要、转换成本、销售渠道开拓、政府行为与政策（如国家综合平衡统一建设的石化企业）、不受规模支配的成本劣势（如商业秘密、产供销关系、学习与经验曲线效应等）、自然资源（如冶金业对矿产的拥有）、地理环境（如造船厂只能建在海滨城市）等，其中有些障碍是很难借助复制或仿造的方式来突破的。预期现有企业对进入者的反应情况，主要是采取报复行动的可能性大小，这取决于有关厂商的财力情况、报复记录、固定资产规模、行业增长速度等。总之，新企业进入一个行业的可能性大小，取决于进入者主观估计进入所能产生的潜在利益、所需花费的代价与所要承担的风险三者的相对大小情况。

4. 替代品的威胁

两个处于同行业或不同行业中的企业，可能会由于所生产的产品互为替代品，从而在它们之间产生相互竞争行为，这种源自替代品的竞争会以各种形式影响行业中现有企业的竞争战略。第一，现有企业产品售价以及获利潜力的提高，将由于存在着能被用户方便接受的替代品而受到限制；第二，由于替代品生产者的侵入，现有企业必须提高产品质量或者通过降低成本来降低售价，或者使其产品具有特色，否则其销量与利润增长的目标就可能受挫；第三，源自替代品生产者的竞争强度，受产品买主转换成本高低影响。总之，替代品价格越低、质量越好、用户转换成本越低，其所能产生的竞争压力就大，而这种来自替代品生产者的竞争压力的强度，可以具体通过考察替代品销售增长率、替代品厂家生产能力与盈利扩张情况来加以描述。

**5. 同业竞争者的竞争程度**

大部分行业中的企业相互之间的利益都是紧密联系在一起的，作为企业整体战略一部分的各企业竞争战略，其目标都在于使自己的企业获得相对于竞争对手的优势，所以，在实施中就必然会产生冲突与对抗现象。这些冲突与对抗就构成了现有企业之间的竞争。现有企业之间的竞争常常表现在价格、广告、产品介绍、售后服务等方面，其竞争强度与许多因素有关。

一般来说，出现下述情况将意味着行业中现有企业之间的竞争加剧：行业进入障碍较低，势均力敌，竞争对手较多，竞争参与者范围广泛；市场趋于成熟，产品需求增长缓慢；竞争者企图采用降价等手段促销；竞争者提供几乎相同的产品或服务，用户转换成本很低；一个战略行动如果取得成功，其收入相当可观；行业外部实力强大的公司在接收了行业中实力薄弱的企业后，发起进攻性行动，结果使刚被接收的企业成为市场的主要竞争者；退出障碍较高，即退出竞争要比继续参与竞争的代价更高。在这里，退出障碍主要受经济、战略、感情以及社会政治关系等因素的影响，具体包括：资产的专用性、退出的固定费用、战略上的相互牵制、情绪上的难以接受、政府和社会的各种限制等。

行业中的每一个企业或多或少都必须应付以上各种力量构成的威胁，而且客户必须面对行业中的每一个竞争者的举动。当一个客户确定了其优势和劣势时（参见 SWOT 分析法），就必须对客户进行定位，以便因势利导，而不是被预料到的环境因素变化所损害，如产品生命周期、行业增长速度等，然后保护自己并做好准备，以有效地应对其他企业的举动。

根据上面对五种竞争力量的讨论，企业应尽可能地将自身的经营与竞争力量隔绝开来，努力从自身利益需要出发，先占领有利的市场地位再发起进攻性竞争行动，从而巩固自己的市场地位、增加竞争实力。

## 二、PEST 分析方法

### （一）简介

PEST 分析方法，P（Political）为政治，E（Economic）为经济，S（Social）为社会，T（Technological）为技术，是战略咨询顾问用来帮助企业检阅其外部宏观环境的一种方法。宏观环境是指影响一切行业和企业的各种宏观力量。对宏观环境因素做出分析，不同行业和企业根据自身特点和经营需要，分析的具体内容会有差异，但一般都应对政治、经济、社会和技术这四大类影响企业的主要外部环境因素进行分析。PEST 分析方法通过这四个方面的因素分析从总体上把握宏观环境，并评价这些因素对企业战略目标和战略制定的影响。

### （二）内容

PEST 分析方法的内容包括四个方面：政治和法律环境、经济环境、社会自然环境以及技术环境，如图 3-4 所示。

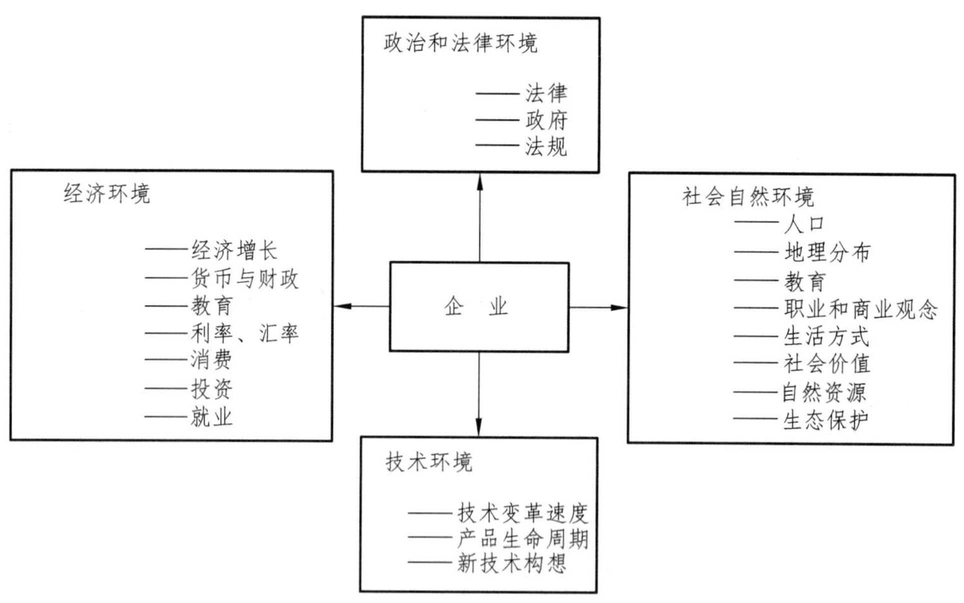


图 3-4 PEST 分析方法的内容

**1. 政治和法律环境**

政治环境主要包括政治制度与体制、政局、政府的态度等；法律环境主要包括政府制定的法律、法规。

**2. 经济环境**

构成经济环境的关键战略要素包括：GDP、利率水平、财政货币政策、通货膨胀、失业率水平、居民可支配收入水平、汇率、能源供给成本、市场机制、市场需求等。

**3. 社会自然环境**

社会自然环境中影响最大的是人口环境和文化背景。人口环境主要包括人口规模、年龄结构、人口分布、种族结构以及收入分布等因素。

**4. 技术环境**

技术环境不仅包括发明，而且还包括与企业市场有关的新技术、新工艺、新材料的出现和发展趋势以及应用背景。

**5. 基本步骤**

PEST 分析方法主要有以下三个步骤：

（1）采用头脑风暴的方法将适合的各种因素进行罗列；

（2）识别与这些因素有关的各种信息；

（3）从这些信息中进行归纳总结。

其中，最重要的过程是从第二步到第三步的过程。PEST 分析方法主要根据罗列出的影响因素来思考这些因素的真正意义。

### （三）PEST 分析方法的变形

PEST 分析方法只考虑了四种因素，后来还使用了一些其他的因素分析，对 PEST 分析方法进行了一些变形。这些变形如下：

（1）PESTLE/PESTEL：政策、经济、社会、技术、法律、环境；

（2）PESTLIED：政策、经济、社会、技术、法律、国际化、环境、人口；

（3）STEEPLE：社会/人口、技术、经济、环境、政策、法律、人文道德；

（4）SLEPT：社会、法律规范、经济、政策、技术。

企业在制定战略时会考虑“环境影响要素”。不同的企业对环境影响要素的侧重点不同。如：跨国公司可能会关注政治因素，也可能会关注劳动力成本和汇率；零售商可能会关注地区的销售者行为；计算机制造商可能会关注技术方面的因素。但是这些要素不是一成不变的。这里就要用到国际上通用的 PEST 分析：政治的（环境保护法、外贸政策、政府的稳定性）、经济的（商业周期、利率、通货膨胀和货币的供给）、社会文化的（人口的分布、收入分布、人们对工作和消遣的态度以及受教育程度等）和技术的（新技术的出现、旧技术的淘汰和技术的转换等）分析。企业应根据自身的具体情况选择恰当的分析方法。

## 三、SWOT 分析法

### （一）简介

SWOT 分析法是 20 世纪 80 年代初由美国旧金山大学的管理学教授韦里克提出的，经常被用于企业战略制定、竞争对手分析等。SWOT 分析方法是一种企业战略分析方法，即根据企业自身既定的内在条件进行分析，找出企业的优势、劣势及核心竞争力所在。其中，S 代表 Strength（优势），W 代表 Weakness（弱势），O 代表 Opportunity（机会），T 代表 Threat（威胁），其中，S、W 是内部因素，O、T 是外部因素。按照企业竞争战略的完整概念，战略应是一个企业“能够做的”（即组织的强项和弱项）和“可能做的”（即环境的机会和威胁）之间的有机组合。

### （二）主要内容

SWOT 分析法主要进行内部和外部环境分析。优劣势分析主要着眼于企业自身的实力及其与竞争对手的比较，而机会和威胁分析将注意力放在外部环境的变化及对企业的可能影响上。分析时，应把所有的内部因素（即优劣势）集中在一起，然后用外部的力量来对这些因素进行评估。

**1. 机会与威胁分析（OT）**

随着经济、社会、科技等诸多方面的迅速发展，特别是世界经济全球化、一体化过程的加快，全球信息网络的建立和消费需求更加多样化，环境分析成为一种日益重要的企业职能。

环境发展趋势分为两大类：环境威胁和环境机会。环境威胁是指环境中不利的发展趋势所形成的挑战，如果不采取果断的战略行为，这种不利趋势将导致企业的竞争地位受到削弱。环境机会是指对企业行为富有吸引力的领域，在这一领域中，该企业将拥有竞争优势。

对环境的分析也可以有不同的角度。一种简明扼要的方法就是 PEST 分析，另一种比较常见的方法就是波特的五力分析。

**2. 优势与劣势分析（SW）**

企业在战略管理时不仅要进行机会与威胁分析，还要定期检查自己的优势与劣势。检查时，对每一要素都要按照特强、稍强、中等、稍弱或特弱划分等级。

当两个企业处在同一市场或者说它们都有能力向同一顾客群体提供产品和服务时，如果其中一个企业有更高的盈利率或盈利潜力，那么这个企业比另一企业更具竞争优势。所谓竞争优势是指一个企业超越其竞争对手的能力，这种能力有助于企业实现赢利。但值得注意的是，竞争优势并不一定完全体现在较高的盈利率上，因为有时企业更希望增加市场份额，或者多奖励管理人员或雇员。竞争优势可以指消费者眼中的一个企业或它的产品有别于其竞争对手的任何有优势的东西，它可以是产品线的宽度，产品的大小、质量、可靠性、适用性、风格、形象，服务的及时和态度的热情等。

由于企业是一个整体，并且由于竞争优势来源的广泛性，所以，在做优劣势分析时必须从整个价值链的每个环节上，将企业与竞争对手做详细的对比。需要指出的是，衡量一个企业及其产品是否具有竞争优势，只能站在现有潜在用户的角度上，而不是站在企业的角度上。

### （三）基本步骤及战略选择

从竞争角度看，对成本措施的抉择分析，不仅来自对企业内部因素的分析判断，还来自对竞争态势的分析判断。SWOT分析法的核心思想是通过对企业外部环境与内部条件的分析，明确企业可利用的机会和可能面临的风险，并将这些机会、风险与企业的优势和劣势结合起来，形成企业成本控制的不同战略措施。由此得出 SWOT 分析的基本步骤。

（1）分析企业的内部优势和劣势，包括相对企业目标而言的与相对竞争对手而言的。

（2）分析企业面临的外部机会与威胁，可能来自与竞争无关的外环境因素的变化，也可能来自竞争对手力量与因素变化，或两者兼有，但关键性的外部机会与威胁应予以确认。

（3）将外部机会和威胁与企业内部优势和劣势进行匹配，形成可行性战略。

SWOT 分析有四种不同类型的战略组合： 优势机会（SO）组合、劣势机会（WO）组合、优势威胁（ST）组合和劣势威胁（WT）组合。

优势机会（SO）战略是一种发展企业内部优势与利用外部机会的战略，是一种理想的战略模式。当企业具有特定方面的优势，而外部环境又为发挥这种优势提供有利机会时，可以采取该战略。

劣势机会（WO）战略是利用外部机会来弥补内部弱势，使企业改变劣势而获取优势的战略。企业存在外部机会，但由于企业存在一些内部劣势而妨碍其利用机会，可采取措施先克服这些劣势。通过克服这些劣势，企业可能进一步利用各种外部机会，降低成本，取得成本优势，最终赢得竞争优势。

优势威胁（ST）战略是指企业利用自身优势，回避或减轻外部威胁所造成的影响。另外，开发新技术产品也是企业可选择的战略。新技术、新材料和新工艺的开发与应用是最具潜力的成本降低措施，同时它可提高产品质量，从而避免外部威胁造成的影响。

劣势威胁（WT）战略是一种旨在减少内部劣势，回避外部环境威胁的防御性技术。当企业存在内忧外患时，往往面临生存危机，降低成本可能成为改变劣势的主要措施。当企业成本状况恶化、原材料供应不足、生产能力不够、无法实现规模效益，且设备老化时，企业在成本方面难以有大作为，这时将迫使企业采取目标聚集战略或差别化战略，以回避成本方面的劣势，并回避成本原因带来的威胁。表 3-1 是某 PC 软硬件公司的 SWOT 分析。

表 3-1　某 PC 软硬件公司的 SWOT 分析

<table>
<tr><td colspan="2">外部环境分析（OT）</td><td>机会（Opportunity）<br>（1）PC 普遍进入家庭；<br>（2）网际网络逐渐勃兴并主导市场需求；<br>（3）客户更需整体解决方案</td><td>威胁（Threat）<br>（1）各种网络相关产品区隔公司兴起；<br>（2）微软占有 PC 系统 S/W 市场；<br>（3）硬件价格下降</td></tr>
<tr><td rowspan="2">内部力量分析(SW)</td><td>优势（Strength）<br>（1）经深度培训过的专业人才；<br>（2）广大的客户群；<br>（3）优势的研发能力</td><td>优势威胁策略（ST）<br>（1）成立全球服务事业俱乐部门，着手提供整体解决方案——系统整合；<br>（2）创新并持续推出符合网络需求的新产品</td><td>优势机会策略（SO）<br>（1）增加策略联盟并购有潜力公司，以增加网络与整合能力；<br>（2）投入研发数据库系统与 NT 的中件以及配合 Linix 的研发投入</td></tr>
<tr><td>劣势（Weakness）<br>（1）组织庞大，不易指挥；<br>（2）对低阶或 PC 相关产品的营销策略不内行；<br>（3）思想上，仍有人难摆脱中大型硬软件才是最重要的营业收入来源的窠臼</td><td>劣势机会策略（WO）<br>（1）裁员数万不适任员工，并将组织改为矩阵式；<br>（2）强调 W.E.T 的思想教育与绩效管理；<br>（3）积极与低阶产品的大型渠道建立关系</td><td>劣势威胁策略（WT）<br>（1）将人员往有潜力的市场区隔调整并配备所需人力；<br>（2）将人员按整合模型，混合编组与区隔编组来开拓市场；<br>（3）逐渐导向以网络为基础的整体解决方案</td></tr>
<tr><td colspan="4">分析后的整体结论：公司定位为在电子商务时代，借着提供整体解决方案与系统整合，而成为电子商务时代的市场领导者</td></tr>
</table>

SWOT 分析运用于企业成本战略分析可发挥企业优势，利用机会克服劣势、回避风险、获取或维护成本优势，将企业成本控制战略建立在对内外部因素分析及对竞争势态的判断等基础上。而若要充分认识企业的优势、机会、劣势及正在面临或即将面临的风险，价值链分析和标杆分析等均能为其提供方法与途径。

## 四、POWER SWOT 分析法

SWOT 分析法是通过分析优势、劣势、机会与威胁来监测公司战略的一种分析方法。但由于 SWOT 分析法没有考虑到企业改变现状的主动性，因而其在现代管理中也存在一定的局限性。POWER SWOT 分析法是个人经验（Personal Experience）、规则（Order）、比重（Weighting）、重视细节（Emphasize Details）、权重排列（Rank and Prioritize）的字母缩写，是一种高级 SWOT 分析法，它将会弥补这些局限。

### 1. P——个人经验

市场营销经理，通常是将经验、技巧、知识、态度与信念结合起来，其洞察力与自觉将会对 SWOT 分析法产生影响。SWOT 分析不包括经验，而 POWER SWOT 分析法则考虑了个人经验这一因素。

**2. O——规则**

由于内在优势与劣势和外在机会与威胁之间的分界线很难鉴定，市场营销经理经常会不由自主地把机会与优势、劣势与威胁的顺序搞混。SWOT 分析法没有相关的规则，而 POWER SWOT 分析法对此有相关的规则可循。

**3. W——比重**

在 SWOT 分析过程中，一些要素肯定会比其他要素更具争议性。通常，SWOT 分析法不会将所包含的各种要素进行比较，而 POWER SWOT 分析法能够将所有的要素进行比较从而辨别出轻重缓急。

**4. E——重视细节**

SWOT 分析法通常会忽略细节、推理和判断，而 POWER SWOT 分析法重视细节，这将极大地帮企业决定如何评价与比较各种要素。

**5. R——权重排列**

SWOT 分析法一般不会对战略的重要影响因素进行权重排列，而 POWER SWOT 分析法将会对战略的重要影响因素进行权重排列，这将对企业制定战略规划提供一定的依据，具有一定的战略意义。

**【思考题】**

1. 简述物流战略管理的原则。
2. 简述物流战略规划的几类方法。

# 第四章　物流基础设施规划

【学习目标】

1. 掌握重点

物流节点、物流线路的概念及其规划的原理与方法。

2. 掌握难点

节点线路的规划方法。

3. 理解

各种运输方式的特点、运输线路的选线。

## 第一节　物流节点的规划原理与方法

物流节点规划是指对城市区域物流节点进行空间布局、用地确定、规模计算、功能布置等以及对物流节点经营管理的规模进行设计的过程。物流节点规划是物流系统规划中的重要内容，落实物流战略目标的设施保障，推进物流发展的基础与目标，物流企业从事物流业务和服务的场所保证。本节主要介绍了物流节点的概念、节点的分类、选址分析、功能与规模的介绍，要求重点掌握物流节点规划、设计方法，能进行物流节点的选址与布局。

### 一、物流节点概述

物流节点（物流接点），是指物流网络中连接物流线路的结节之处，所以又可以将其称为流结节点。物流系统中的活动，如包装、装卸、保管等，都是在物流节点上完成的。因此，从这个意义上讲，物流节点是物流系统非常重要的部分，它不仅能执行一般的物流职能，而且越来越多地执行指挥调度、传达信息等神经中枢的职能，是整个物流网络的灵魂所在。

（一）物流节点的功能

物流节点是整个物流体系中的重要组成部分，是组织各种物流活动、实现物流功能、提供物流服务的重要场所。它的功能主要包括以下几个方面：

**1. 衔接功能**

物流节点将各个物流线路连接成一个系统，使各个线路通过节点变得更为贯通而不是互不相干，这种作用被称之为衔接作用。

物流节点的衔接功能可以通过多种方法实现，主要有：① 通过转换运输方式衔接不同运输手段；② 通过加工衔接干线物流和配送物流；③ 通过储存衔接不同时间的供应物流和需求物流；④ 通过集装箱、托盘等集装处理衔接整个“门到门”运输使之成为一体。

**2. 信息功能**

物流节点是整个物流系统物流信息传递、收集处理、发送的集中地，这种信息功能在现代物流中有着重要作用，也是将复杂的物流诸单元联结成一个有机整体的重要保证。

在物流系统中，每个物流节点都是一个物流信息节点，若干个这种类型的信息点和物流系统的信息中心结合起来，形成了指挥、管理、调度整个物流系统的信息网络。这是物流系统建立的前提。

**3. 管理功能**

物流系统的管理设施和指挥机构往往集中设置于物流节点中，实际上物流节点大多是集管理、指挥、调度、信息、衔接及货物处理于一体的物流综合设施。整个物流系统运转的有序化和正常化，以及整个物流系统的效率和水平，均取决于物流节点管理职能实现的情况。

（二）物流节点的种类

现代物流网络中出现了若干类型的物流节点，它们在不同的物流系统中有着不同的作用。因此，在各个不同的物流系统中，根据系统目标及技术标准的不同，物流节点可以分为不同的类型。详细分类如表 4-1 所示。

表 4-1　物流节点分类

| 分类标准 | 节点类型 | 备　注 |
|---|---|---|
| 按照功能分类 | 转运型节点 | 连接不同运输方式 |
| | 储存型节点 | 存放货物 |
| | 流通型节点 | 组织物资在系统中流通 |
| | 加工型节点 | 流通加工和包装 |
| | 综合型节点 | 若干功能结合于一体 |
| 按照规模分类 | 物流园区 | 具有一定规模和综合服务功能 |
| | 物流中心 | 较小规模和范围 |
| | 配送中心 | 特定范围、规模较小 |
| 按照运输衔接方式分类 | 铁路物流节点 | 铁路运输与其他运输方式的节点 |
| | 航空物流节点 | 空运与陆运的节点 |
| | 港口物流节点 | 海运与陆运的节点 |
| | 集装箱物流节点 | 集装箱相关作业的节点 |
| | 邮政物流节点 | 依托网络进行物流服务的节点 |
| 按照地域活动范围分类 | 国际型物流节点 | 办理全世界物流服务 |
| | 全国型物流节点 | 办理全国物流服务 |
| | 区域型物流节点 | 服务于城际或地区之间 |
| | 城市型物流节点 | 支持商贸与城市生活 |

1. 按照功能分类

根据物流的功能和性质，物流节点可以分为转运型节点、储存型节点、流通型节点、加工型节点和综合型节点。

（1）转运型节点。

转运型节点是指处于运输线上以接连不同运输方式或同种交通方式不同类型的运输为主要职能的节点。公路主枢纽，铁道运输线上的货站、编组站、车站，不同运输方式之间的转运站、终点站，水运线上的港口、码头，空运中的空港等都属此类节点。

（2）储存型节点。

储存型节点是指以储存货物为主要职能的节点，货物在这种节点上停留时间较长。储备仓库、营业仓库、中转仓库、货栈等都属于此类节点。

（3）流通型节点。

流通型节点是指以组织货物在系统中合理流动为主要职能的节点。流通仓库、配送中心等都属于此类节点。

（4）加工型节点。

加工型节点是指以流通加工和包装为主要职能的节点。加工型节点为货物弥补生产过程中加工程度不足，适应高附加价值流通而进行一系列辅助加工活动，具有加工量大、工艺简单、流程短等特点。

（5）综合型节点。

综合型节点是指在物流系统中集中于一个节点全面实现两种以上主要功能，并且在节点中并非独立完成各自的功能，而是将若干功能有机结合于一体的节点。这种节点是适应物流大量化和复杂化，适应物流更为精密准确，在一个节点中要求实现多种转化而使物流系统简化、高效的要求而出现的，是现代物流系统中节点发展的方向。

2. 按照规模分类

按照物流节点的性质和规模，物流节点可以分为物流园区、物流中心、配送中心。

（1）物流园区。

物流园区是指物流企业和物流设施在空间上集中布局场所，具有一定规模和综合服务功能的物流节点。物流园区作为综合型的物流集中作业区，主要承担着大规模的、大范围的、高频率和高强度的物流交换活动，是整个物流服务体系的核心，它具有多方式、多品类的物流服务功能。

（2）物流中心。

物流中心是指针对物流园区大规模、大范围的物流处理提出来的较小规模和范围的物流节点。物流中心主要依托单一的运输方式，如只依托公路运输方式进行物流。物流中心需要有足够建设和扩展的用地空间。

（3）配送中心。

配送中心是指从事货物配备和组织对用户的送货，以高水平实现销售和供应服务的物流节点。它是城市中为有物流需要，但服务量未达到一定的规模的地点建立的物流设施。这种物流设施可以只承担单一的物流功能或单一物资品种的物流功能，也可以承担多品种、小批量的物流配送功能，主要为特定范围的用户服务，规模较小。

**3. 按照运输衔接方式分类**

按照物流节点运输衔接方式，物流节点可以分为铁路物流节点、航空物流节点、港口物流节点、集装箱物流节点、邮政物流节点。

（1）铁路物流节点。

铁路物流节点是指铁路运输方式与其他运输方式转换和中转的节点，一般设在铁路货物运输办理站一旁，或在物流节点内部布置铁路装卸作业路线，便于发挥铁路的优势。

（2）航空物流节点。

航空物流节点是指连接空运和陆运的节点，一般设在机场附近，便于利用航空运输快捷便利的优势。

（3）港口物流节点。

港口物流节点是指连接海运和陆运的节点，一般设在港口码头附近，便于船舶的装卸作业。

（4）集装箱物流节点。

集装箱物流节点是指进行集装箱相关作业的节点。

（5）邮政物流节点。

邮政物流节点是指依托邮政网络进行物流服务的节点，服务对象一般是高附加值、小体积、小重量、多批次、高时效的物品，同时服务于诸如农村配送这样的客户分布广、时效性较高的物品，如邮件、农资、农副产品等。

**4. 按照地域活动范围分类**

按照地域活动范围，物流节点可以分为国际型物流节点、全国型物流节点、区域型物流节点及城市型物流节点。

## 二、物流节点选址概述

在物流系统规划设计中，物流节点的选址是一个重要的决策问题，它决定着整个物流网络的模式、结构和形状。物流节点的选址决策确定整个物流系统中所需的节点数量、地理位置，以及服务对象的分配方案。

在一个物流系统中，物流中间节点的数量增加，可以减少运输距离、降低运输成本，同时还可以提高服务准时率，减少缺货率。但是物流节点的数量增加到一定程度时由于订单的数量过小，增加了运输频次，反而会增加库存量、库存成本以及运输成本。因此，物流节点选址在整个物流系统中有非常重要的地位。所以在规划设计中，应尽量控制物流中间节点的数量，扩大物流中间节点的规模是降低成本的一个重要措施。

### （一）物流节点选址的目标

物流节点选址的目标主要包括五个方面的内容，如图 4-1 所示。

**1. 成本最小化**

成本最小化是物流节点选址决策中最常用的目标。与物流节点选址有关的成本主要有以下两个：

（1）运输成本。

运输成本取决于运输数量、运输距离与运输单价。运输数量如没有到达批量运输，就不能形成规模经济，从而影响总的运输成本。当物流节点的位置设计合理时，总运输距离短，运输成本就会下降。而运输单价取决于运输方式与运输批量，与物流节点所在地的交通运输条件和顾客所在地的交通条件直接有关。

（2）设施成本。

设施成本包括固定成本、库存成本与搬运成本。

① 固定成本是指不随设施经营活动水平而改变的成本。如设施建造成本，税金、租金、监管费和折旧费都属于固定成本。

② 库存成本是指随着设施内货物数量变化而改变的成本。也就是说，如果某项成本随设施中保有的库存水平增加而减少，该项成本就可以归为库存成本。

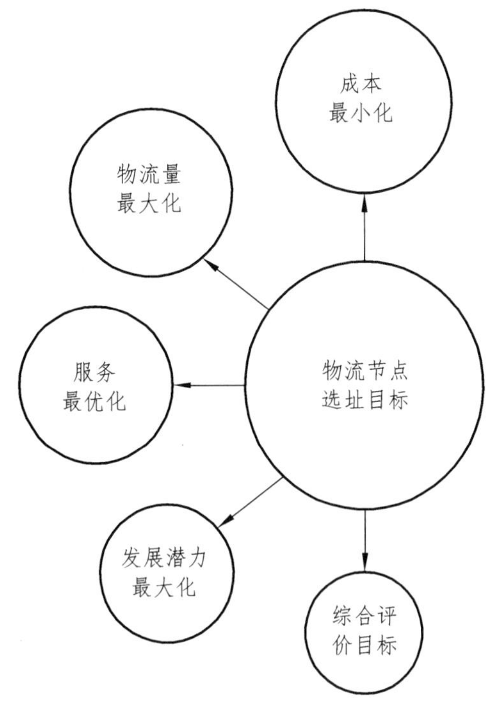

图 4-1　物流节点选址目标

③ 搬运成本是指随设施吞吐量变化的成本。典型的搬运成本有存取货物的人工成本、某些公共事业费、可变的设备搬运成本等。

**2. 物流量最大化**

物流量是反映物流节点作业能力的指标，传统上反映物流量指标的只有吞吐量和周转量，但是这两个指标无法适应物流多品种、小批量、高频度等发展趋势。如物流节点与顾客距离越远，则周转量越大，费用也越高。也就是说，以吨千米最大为决策目标，物流节点选址是与顾客距离越远越好，这显然违背了设置物流节点的根本目的。因此，在物流节点选址决策时，要在成本最小化的前提下，考虑物流量最大化。

**3. 服务最优化**

与物流节点选址决策直接相关的服务指标主要是送货时间、距离、速度和准时率。一般来说，物流节点与顾客距离近，则送货速度快，订货周期短，而订货期越短，准时率越高。

**4. 发展潜力最大化**

物流节点投资大、服务时间长，因此在选址时不仅要考虑现有条件下的成本、服务等目标，还要考虑将来的发展潜力，包括物流节点生产扩展的可行性及顾客需求的增长潜力。

**5. 综合评价目标**

单纯考虑成本、服务或发展潜力可能都不能满足投资决策者的需要，这时可以采用多目标决策方法。

### （二）物流节点选址影响因素

影响物流节点选址的因素很多，在现代物流设计过程中，物流节点的选址主要考虑的因素如图 4-2 所示。

**1. 自然环境因素**

（1）气象条件。物流节点选址过程中，主要考虑的气象条件有温度、风力、降水量、无霜期、冻土深度、年均蒸发量等指标。选址时要避开风口，因为在风口建设物流节点会加速露天堆放的商品的老化。

（2）选址条件。物流节点是大量商品的集结地。某些容量很大的建筑材料堆码起来会对地面造成很大的压力。如果物流节点地面以下存在淤泥层、流沙层、松土层等不良地质条件，会在受压地段造成沉陷、翻浆等严重后果，为此，土壤承载力要求较高。

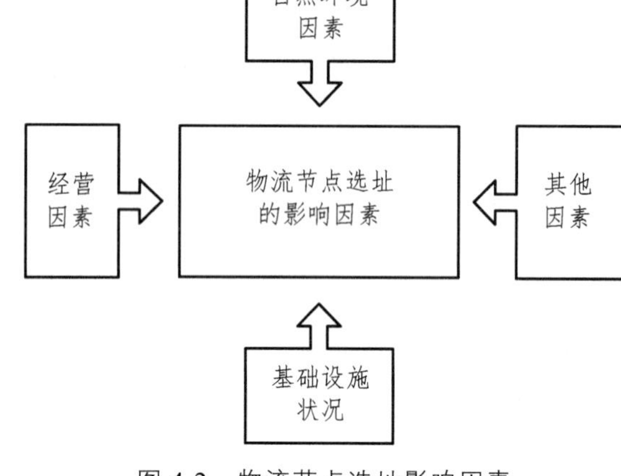


图 4-2　物流节点选址影响因素

（3）水文条件。物流节点选址需远离容易泛滥的河川流域与上溢的地下水区域，要认真考察拟建节点近年的水文资料，地下水位不能过高，绝对禁止建在洪泛区、内涝区、古河道、干河滩等区域。

（4）地形条件。物流节点应选在地势高、地形平坦，且应具有适当的面积与外形的地方。若选在完全平坦的地形上是最理想的，其次可选择稍有坡度或起伏的地方，对于山区陡坡地区则应该完全避开，在外形上可选长方形，不宜选择狭长或不规则的图形。

**2. 经营因素**

（1）经营环境——物流节点所在地区的优惠物流政策对物流企业的经济效益将产生重要影响。

（2）商品特性——经营不同类型商品的物流节点最好能分别布局在不同区域。

（3）物流费用——大多数节点选择接近物流服务需求地，以缩短运距，降低运费等物流费用。

（4）服务水平——物流节点选址时，应保证客户在任何时候向物流中心提出的物流需求，都能获得快速满意的服务。

**3. 基础设施状况**

（1）交通条件。物流节点必须具备方便的交通运输条件，最好靠近交通枢纽进行布局，有两种以上的运输方式相连接。其中，物流节点所在区域的货运量、交通通达度、物流节点货物平均运距以及交通运输设施的发展水平等因素都是用来衡量物流节点选址的交通条件的标准。

（2）公共设施状况。物流中心的所在地要求城市的道路、通信等公共设施齐备，有充足的供电、水、热、燃气的能力，且场区周围要有处理污水和固体废物的能力。

**4. 其他因素**

（1）国土资源利用。物流节点的规划应贯彻节约用地，充分利用国土资源的原则。此外，物流节点的布局还要兼顾区域与城市规划用地等其他要素。其主要包括以下内容：

① 土地价格。物流节点的建设需要占用大面积的土地，所以土地价格的高低将直接影响物流节点的规模大小。

② 大面积土地的可行性。一般情况下，在物流节点的规划中大面积土地的可行性用预留用地规模来进行衡量。

（2）环境保护要求。物流节点的选址要考虑保护自然环境与人文环境等因素，尽可能地降低对城市生活的干扰。

（3）周边状况。由于物流节点是火灾重点防护单位，不宜设在易散发火种的工业设施附近，也不宜设在居民住宅区附近。

（三）物流节点选址的原则

物流节点选址的原则如图 4-3 所示。

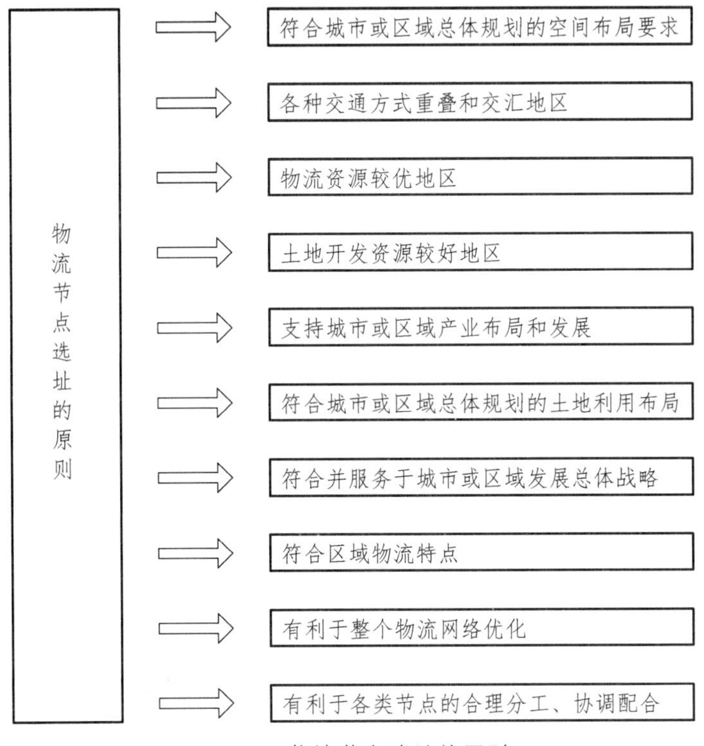


图 4-3 物流节点选址的原则

## 第二节 物流线路的规划原理与方法

广义的物流线路指所有可以行驶和航行的陆上、水上、空中路线。狭义的物流线路仅指已经开辟的，可以按规定进行物流经营活动的路线和航线。运输线路是供运输工具定向移动的通道，是运输工具赖以运行的物质基础。物流线路有铁路线路、公路线路、海运线路、航空线路、管道线路五种类型。

线路在物流系统中具有十分重要的作用。首先，线路决定物流系统的结构。节点是伴随线路的产生而存在的，没有线路也不会有节点。不同类型线路的比例关系，在很大程度上决定着结点的配置，线路和节点结合起来形成物流系统的网络结构。其次，线路决定物流的范围和能力。物流范围的发展是随着线路的延伸而扩大的，线路延伸到哪里物流随之扩展到哪里。同时，线路的长度、密度及其质量还决定着运输的能力和效率，从而也决定着物流的能力和效率。

## 一、运输方式的选择

运输方式是客、货运输所赖以完成的手段、方法与形式，是为完成客货运输任务而采取一定性质、类别的技术装备（运输线路和运输工具）和一定的管理手段。现代运输方式主要有铁路运输、公路运输、水路运输、航空运输和管道运输等。

各种运输方式都有其长处与短处，在充分发挥它们各自优势的同时，需注意相互补充与共同协作，以满足国民经济发展对运输业的要求。

### （一）各种运输方式的特点

#### 1. 铁路运输

铁路运输是一种陆上运输方式，以两条平行的铁轨引导。铁路运输是最有效的陆上交通方式之一，它主要具有以下几个特点：

（1）运输能力大，这使它适合于大批量低值产品的长距离运输；

（2）单车装载量大，加上有多种类型的车辆，使它几乎能承运任何商品，几乎不受重量和容积的限制；

（3）车速较快，平均车速在五种基本运输方式中排在第二位，仅次于航空运输；

（4）铁路运输受气候和自然条件影响较小，在运输的经常性方面占优势；

（5）可以方便地实现驮背运输、集装箱运输及多式联运；

（6）铁路线路是专用的，固定成本很高，原始投资较大，建设周期较长；

（7）铁路按列车组织运行，在运输过程中需要有列车的编组、解体和中转改编等作业环节，占用时间较长，因而增加了货物在途中的时间；

（8）铁路运输中的货损率较高，而且由于装卸次数多，货物损毁或丢失事故通常比其他运输方式多；

（9）不能实现“门对门”的运输，通常要依靠其他运输方式的配合，才能完成运输任务，除非托运人和收货人均有铁路支线。

#### 2. 公路运输

公路运输是在公路上运送旅客和货物的运输方式，是交通运输系统的组成部分之一，主要承担短途客货运输。如今所用的运输工具主要是汽车。因此，公路运输一般即指汽车运输。在地势崎岖、人烟稀少、铁路和水运不发达的边远、经济落后地区，公路运输为主要运输方式，起着运输干线的作用。

公路运输有以下几个方面的特点：

（1）机动灵活，适应性强；

（2）可实现“门到门”直达运输；

（3）在中、短途运输中，运送速度较快；

（4）原始投资少，资金周转快；

（5）掌握车辆驾驶技术较易；

（6）运量较小，运输成本较高；

（7）运行持续性较差；

（8）安全性较低，对环境的污染较大。

### 3. 水路运输

水路运输是以船舶为主要运输工具，以港口或港站为运输基地，以水域包括海洋、河流和湖泊为运输活动范围的一种运输方式。水运至今仍是世界许多国家最重要的运输方式之一。

水路运输与其他运输方式相比，具有如下特点：

（1）水路运输运载能力大、成本低、能耗少、投资小，是一些国家国内和国际运输的重要方式之一。例如一条密西西比河相当于 10 条铁路，一条莱茵河抵得上 20 条铁路。此外，修筑 1 千米铁路或公路约占地 30 000 平方米，而水路运输利用海洋或天然河道，占地很少。在我国的货运总量中，水运所占的比重仅次于铁路和公路。

（2）受自然条件的限制与影响大。如：受海洋与河流的地理分布及其地质、地貌、水文与气象等条件和因素的明显制约与影响；水运航线无法在陆地上任意延伸。所以，水运需要与铁路、公路和管道运输配合，实行联运。

（3）开发利用涉及面较广。如：天然河流涉及通航、灌溉、防洪排涝、水力发电、水产养殖以及生产与生活用水的来源等；海岸带与海湾涉及建港、农业围垦、海产养殖、临海工业和海洋捕捞等。

### 4. 航空运输

航空运输是使用飞机、直升机及其他航空器运送人员、货物、邮件的一种运输方式，具有快速、机动的特点，是现代旅客运输，尤其是远程旅客运输的重要方式。国际贸易中，航空运输对于贵重物品、鲜活货物和精密仪器运输是不可或缺的。

航空运输具有速度快、运输路程短、舒适、灵活、安全等优点。但是其载运能力低、单位运输成本高、受气候条件限制、可达性差。一般情况下，航空运输很难实现客货的“门到门”运输，必须借助其他运输工具转运。

### 5. 管道运输

管道运输是利用管道作为运输工具的一种长距离输送液体和气体物资的运输方式，如由生产地向市场输送石油、煤和化学产品等，是统一运输网中干线运输的特殊组成部分。管道运输石油产品比水运费用高，但仍然比铁路运输便宜。大部分管道都是被其所有者用来运输自有产品的。

管道运输与其他运输方式相比，具有如下特点：

（1）运量大。一条输油管线可以源源不断地完成输送任务。根据其管径的大小，其每年的运输量可达数百万吨到几千万吨，甚至超过亿吨。

（2）占地少。运输管道通常埋于地下，其占用的土地很少。运输系统的建设实践证明，运输管道埋藏于地下的部分占管道总长度的95%以上，因而对于土地的永久性占用很少，分别仅为公路的3%，铁路的10%左右。在交通运输规划系统中，应优先考虑管道运输方案。这对于节约土地资源，意义重大。

（3）管道运输建设周期短、费用低。

（4）管道运输安全可靠、连续性强。

（5）管道运输耗能少、成本低、效益好。

（6）灵活性差。管道运输不如其他运输方式（如汽车运输）灵活，除承运的货物比较单一外，也不容许随便扩展管线。

**6. 多式联运**

由两种及其以上的交通工具相互衔接、转运而共同完成的运输过程统称为复合运输，在我国习惯上称之为多式联运。

多式联运的特点是缩短了货物运输的在途时间，提高了运输工具的利用率，简化了运输手续，有利于开展集装箱单元化运输，实现“一站式”物流服务。

综上所述，各种运输方式的技术经济特点及运输对象如表4-2所示。

表4-2　各种运输方式的技术经济特点及运输对象

| 运输方式 | 技术经济特点 | 运输对象 |
| --- | --- | --- |
| 铁路 | 初始投资大，运输容量大，成本低廉，占用的土地多，连续性强，可靠性好 | 适合于大宗货物、散件杂货等的中长途运输 |
| 公路 | 机动灵活，适应性强，短途运输速度快，能源消耗大，成本高，空气污染严重，占用的土地多 | 适合于短途、零担运输，“门到门”的运输 |
| 水路 | 运输能力大，成本低廉，速度慢，连续性差，能源消耗及土地占用都较少 | 适合于中长途大宗货物运输、海运、国际货物运输 |
| 航空 | 速度快、成本高、空气和噪声污染严重 | 适合于中长途及贵重货物运输、保鲜货物运输 |
| 管道 | 运输能力大，占用土地少，成本低廉，连续输送 | 适合于长期稳定的液体、气体及浆化固体物运输 |

（二）选择运输方式应考虑的因素

影响运输方式选择的因素包括：货物的特性、可选择的运输工具、运输总成本、运输时间、运输的安全性、运输的距离等。具体如表4-3所示。

表 4-3　影响运输方式选择的因素

| 影响因素 | 详　　述 |
| --- | --- |
| 货物的特性 | 货物的价值、形状、单件的重量、容积、危险性、变质性等都是影响运输方式选择的重要因素 |
| 可选择的运输工具 | 对于运输工具的选择，不仅要考虑运输费用，还要考虑仓储费用，以及营运特性等 |
| 运输总成本 | 是指为两个地理位置间的运输所支付的费用以及与运输管理、维持运输中存货有关的总费用 |
| 运输时间 | 是指从货源地发货到目的地接收货物之间的时间。运输时间的度量是货物如何快速地实现发货人和收货人之间“门到门”的时间，而不仅仅是运输工具如何快速移动、货物从运输起点到终点的时间 |
| 运输的安全性 | 运输的安全性包括所运输货物的安全和运输人员的安全，以及公共安全。对运输人员和公共安全的考虑也会影响货物的安全措施，进而影响运输方式的选择 |
| 其他因素 | 经济环境或社会环境的变化也会制约托运人对运输方式的选择 |

根据表 4-3 不难看出，选择运输方式时，通常是在保证运输安全的前提下再衡量运输时间和运输费用，当到货时间得到满足时再考虑费用低的运输方式。当然，计算运输费用不能只考虑运输单价，而应对运输过程中发生的各种费用以及其他环节的费用进行综合分析。

### （三）运输方式选择模型

在各种运输方式中，如何选择适当的运输方式是物流合理化的一个重要问题，可以选择一种运输方式也可以选择使用联运的方式。在这里可以分为单一运输方式的选择和多式联运方式的选择。

#### 1. 单一运输方式的选择

单一运输方式的选择，就是选择一种运输方式提供运输服务。公路、铁路、水路、航空和管道五种基本运输方式有自身的优点与不足，可以根据五种基本运输方式的特点，结合运输需求进行恰当的选择。常用的运输方式选择模型包括因素分析法、加权因素分析法和层次分析法等。

（1）因素分析法。

采用因素分析时，首先应确定在选择运输方式时应该考虑的一些重要因素和标准，然后对所有因素按照 1 ~ 10 进行评分，最后合并各种运输方式的所有因素，选取综合评分最高的运输方式为最终选择。因素评价法评分的公式如下：

$$v(j)=\sum_{i=1}^{n}s(i,j)$$

式中　$v(j)$ ——运输方式 $j$ 的综合得分；

$s(i,j)$ ——第 $i$ 个因素上运输方式 $j$ 的得分；

$n$ ——因素个数。

【例 4-1】 某公司对货品 A 的运输有公路、铁路、航空三种运输方式可以选择。根据货品的特性、数量，运距和到达要求等，确定各运输方式的评分（见表 4-4）。问：应该选择何种运输方式。

表 4-4 运输方式评分

| 价因素 | 运输速度 | 运输成本 | 可达性 | 安全性 | 特殊要求满意度 |
|---|---|---|---|---|---|
| 公路运输 | 6 | 7 | 8 | 8 | 8 |
| 铁路运输 | 7 | 8 | 7 | 7 | 7 |
| 航空运输 | 8 | 6 | 6 | 8 | 6 |

**解**：$v(1) = 6+7+8+8+8 = 37$

$v(2) = 7+8+7+7+7 = 36$

$v(3) = 8+6+6+8+6 = 34$

按照评分结果可知，应选择公路运输。

（2）加权因素分析法。

加权因素法是因素分析法的扩展。根据各个评价标准的重要程度给予其不同的权重值，以便得到更准确的评价结果。加权因素评价法评分的公式如下：

$$v(j) = \sum_{i=1}^{n} w(i)s(i,j)$$

式中 $v(j)$ ——运输方式 $j$ 的综合得分；

$s(i,j)$ ——第 $i$ 个因素上运输方式 $j$ 的得分；

$w(i)$ ——第 $i$ 个因素的权重；

$n$ ——因素个数。

（3）层次分析法。

层次分析法是指将一个复杂的多目标决策问题作为一个系统，将目标分解为多个目标或准则，进而分解为多指标（或准则、约束）的若干层次，通过定性指标模糊量化方法算出层次单排序（权数）和总排序，以作为目标（多指标）、多方案优化决策的系统方法。

2. **多式联运方式的选择**

多式联运方式的选择，就是选择两种以上的运输方式联合起来提供运输服务。在实际运输中，一般只有铁路与公路联运、公路或铁路与水路联运、航空与公路联运的运用较为广泛。

在多式联运建模中，可以根据时间、总费用等目标函数建模。下面以总费用最小为目标函数，一对运输节点只能选择一种运输方式为例，说明多式联运方式的选择问题。数学描述如下：

$C_{i,i+1}^{i}$ ——从节点 $i$ 到节点 $i+1$ 选择第 $j$ 种运输方式的费用；

$t_i^{jl}$ ——在节点 $i$ 从第 $j$ 种运输方式换装成第 $l$ 种运输方式的换装费用；

$$X_{i,i+1}^{j} = \begin{cases} 1 & \text{在节点 } i \text{ 和节点 } i+1 \text{ 之间选择第 } j \text{ 种运输方式} \\ 0 & \text{其他} \end{cases}$$

$$r_i^{jl}=\begin{cases}1 & \text{在节点 } i \text{ 从第 } j \text{ 种运输方式换装成第 } l \text{ 种运输方式} \\ 0 & \text{其他}\end{cases}$$

数学模型如下：

$$\min z=\sum_i\sum_j X_{i,i+1}^j C_{i,i+1}^j+\sum_i\sum_j\sum_l r_i^{jl}t_i^{tl} \tag{1}$$

$$\text{s.t.}\quad \sum_j X_{i,i+1}^j=1 \tag{2}$$

$$\sum_j\sum_l r_i^{jl}=1 \tag{3}$$

$$X_{i-1,i}^j+X_{i,i+1}^j\geqslant 2r_i^{jl} \tag{4}$$

$$r_i^{jl},X_{i,i+1}^j\in\{0,1\} \tag{5}$$

式（1）为目标函数，以各种运输方式的运输总成本与换装总成本之和的最小化为目标，这是一个整数规划模型。式（2）表示在节点 $i$ 到节点 $i+1$ 之间只能选择一种运输方式。式（3）表示节点 $i$ 只发生一次换装。式（4）是确保运输的连续性。式（5）表示决策变量取值为 0 和 1。

模型的求解可以选用动态规划的思想，每个节点相当于动态规划的一个阶段，利用动态规划的逆序方法依次求取节点间的最佳运输方式。

## 二、运输路线的选线与选择

根据物流线路是否存在，我们将物流线路的选线分为无线选线和有线选线两种。其中，无线选线是指根据路线基本走向和技术标准，结合地形、地质条件和施工条件等因素，通过全面比较，选择路线的全过程；有线选线是指在已有线路的条件下，进行的线路选择，即我们通常所说的路径优化。

在无线的条件下，我们根据物流线路的五种类型，也可将选线分为公路选线、铁路选线、飞行航线设计、航道选线和管道选线五种。

### （一）公路选线

公路线路是由路基、路面和桥隧组成的一个整体的工程结构。公路选线，指在公路规划路线的起点、行经地点、终点之间，选定一条技术上可行、经济上合理，而又能符合使用要求的公路中心线的工作。

选线的目的与任务就是根据道路的性质、任务、等级和标准，结合地形、地质、地物及其沿线条件，综合平、纵、横三方面的因素，在实地或纸上选定道路中线的平面位置。确定道路的走向和总体布局，具体确定道路的交点位置和选定道路曲线的要素，通过纸上或实地选线，把路线的平面位置确定下来。

#### 1. 公路选线的一般原则

（1）应针对路线所经地域的生态环境、地形、地质的特性与差异，按拟定的各控制点由面到带、由带到线、由浅入深、由轮廓到具体，进行比较、优化与论证。同一起点、终点的路段内有多个可行路线方案时，应对各设计方案进行同等深度的比较。

（2）影响选择控制点的因素多且相互关联又相互制约时，应根据公路功能和使用任务，全面权衡、分清主次，处理好全局与局部的关系，并注意由于局部难点的突破而引起的关系转换给全局带来的影响。

（3）应对路线所经区域、走廊带及其沿线的工程地质和水文地质进行深入调查、勘察，查清其对公路工程的影响程度。遇有滑坡、崩塌、岩堆、泥石流、岩溶、软土、泥沼等不良工程地质的地段时应慎重对待，视其对路线的影响程度，分别对绕、避、穿等方案进行论证比选。必须穿过时，应选择合适的位置，缩小穿越范围，并采取切实可行的工程措施。

（4）应充分利用建设用地，严格保护农用耕地。

（5）国家文物是不可再生的文化资源，路线应尽可能避让不可移动文物。

（6）保护生态环境，并同当地自然景观相协调。

（7）高速公路、具干线功能的一级公路同作为路线控制点的城镇相衔接时，以接城市环线或以支线连接为宜，并与城市发展规划相协调。新建的二级公路、三级公路应结合城镇周边路网布设，避免穿越城镇。

（8）路线设计是立体线形设计，选线时应考虑平、纵、横面相互间的组合与合理配合。

**2. 公路选线的一般方法**

（1）实地选线。

实地选线是由选线人员，根据设计任务书的要求，在现场实地进行勘察测量，经过反复比较，直接选定路线的方法。这是我国传统的选线方法。其特点：简便、切合实际；实地容易掌握地质、地形、地物情况，做出的方案比较可靠；定线时一般不需要大比例尺地形图。但是，这种方法野外工作量大，体力劳动强度大，野外测设工作受气候季节的影响大；同时，由于实地视野的限制，地形、地貌、地物的局限性很大，路线的整体布局有一定的片面性和局限性。实地选线适用于等级较低、方案比较明确的公路。

（2）纸上选线。

纸上选线是在已经测得的地形图上，进行路线布局、方案比选，从而在纸上确定路线，将此路线再放到实地的选线方法。其特点：野外工作量较小，定线不受自然因素干扰；能在室内纵观全局，结合地形、地物、地质条件，综合平衡平、纵、横三方面因素，所选定的路线更为合理。但纸上定线必须要有大比例尺的地形图，地形图的测设需花费较大的工作量和具备一定设备。纸上选线的地形图若用航空摄影成图可大大缩短成图时间。

（3）自动化选线。

随着航测技术和电子计算机技术的发展，一种将航测和电算相结合的自动化选线方法已研制成功。自动化选线的基本做法：先用航测方法测得航测图片，再根据地形信息建立数字地形模型（即数字化的地形资料），把选线设计的要求转化为数学模型，将设计数据输入计算机，计算机则按照一定的程序进行自动选线、分析比较、优化，最后通过自动绘图仪和打印机将全部设计图表输出。自动化选线利用电子计算机和自动绘图仪代替人工做大量、繁重的计算、绘图、分析比较工作。这样能使选线方案更为合理、省工省时，已成为今后公路选线的发展方向。

**3. 公路选线的一般步骤**

一条公路路线的选定是通过由浅入深、由轮廓到局部、由总体到具体、由面到带进而到线的过程来实现的，一般要经过以下三个步骤：

（1）全面布局。全面布局是解决路线基本走向的全局性工作，就是在起讫点及中间必须通过的据点寻找可能通行的“路线带”，并确定一些大的控制点，连接起来即形成路线的基本走向。例如，在起讫点及据点间可能沿某条河、越某座岭，可能走这一岸，也可能走另一岸。这些都属于路线的布局问题。路线布局，是关系到公路“命运”的根本问题。总体布局如果不当，即使局部路线选得再好，技术指标确定得再恰当，仍然是一条质量差的路线。因此，在选线中，首先应着眼于总体布局工作，解决好基本走向问题。全面布局是通过路线视察，经过方案比较来确定的。

（2）逐段安排。这是在路线基本走向已经确定的基础上，进一步加密控制点，解决路线局部方案的工作。即在大控制点间，结合地形、地质、水文、气候等条件，逐段定出小控制点。例如，翻越同一山岭垭口后是从左侧展线下山，还是从右侧展线下山，沿一条河是仅走一岸还是多次跨河两岸布线等，都属于局部方案问题。逐段安排路线是通过踏勘测量或详测前的查看路线来解决的。

（3）具体定线。即是在逐段安排的小控制点间，根据技术标准结合自然条件，综合考虑平、纵、横三方面的因素，反复穿线插点，具体确定路线位置的工作。这一步更深入、更细致、更具体。具体定线由详测时的选线组来完成。

### （二）铁路选线

铁路线路是机车车辆和列车运行的基础。铁路线路是由路基、桥隧建筑物（桥梁、涵洞、隧道等）和轨道（主要包括钢轨、联结零件、轨枕、道床、道岔等）组成的一个整体的工程结构。近几年来，铁路规划与选线设计的理念方法及相应规范等各个方面都发生了较大的变化。铁路选线设计主要依据以下三个方面：

（1）线路意义。铁路修建的经济、政治和国防方面的意义，以及在铁路网中所起的作用。

（2）技术标准。铁路建设所采用的技术标准，主要有机车牵引种类、线路的限制坡度、最小曲线半径、到发线有效长度等标准。

（3）自然条件，包括地形、地质、水文、气象等自然条件。铁路选线应尽可能“适应自然”，即尽可能利用有利的自然条件，避开不利的自然条件，使选出的线路方案既能满足铁路运输能力的要求，又能减少铁路修建工程量，并便于维修养护。

#### 1. 铁路选线遵循的原则

（1）铁路选线工作必须从国家的全局出发，统筹兼顾，正确处理铁路与工农业的关系、近期与远期的关系。要做好铁路建设与水利、公路、航运以及城乡建设的配合，贯彻“以农业为基础”的方针，节约用地，少占良田，保证农业灌溉，方便农村交通，并结合工程改地造田。

（2）铁路选线工作要坚持勤俭节约的原则，既要防止标准过高，又要照顾到将来的发展。要因地制宜，就地取材，力求节约人力、物力和财力。要加速实现铁路现代化，积极而慎重地采用新技术、新结构、新设备、新材料。

（3）铁路选线必须讲求经济效益，既要考虑铁路部门的效益，又要考虑社会大众的效益。在拟定设计决策和评选原则方案时，更应着眼于社会效益。

（4）铁路选线中，要认真进行调查工作，切实做好经济调查和地形、地质、水文的勘测工作。要从大面积着手，由面到带，实事求是地评选比较方案，选定合理的线路位置。

**2．铁路选线的内容**

（1）线路平面设计：采用导向线定线法确定线路走向，根据直线设计原则和曲线设计原则确定线路的具体位置。

（2）线路纵断面设计：根据地形条件、限制坡度、牵引种类设计线路坡段长度，在线路变坡点处设置合适的竖曲线。

（3）路基横断面设计：根据地形条件和经济情况选择合适的断面形式。

（4）路基土石方调配：根据做好的线路横断面图和纵断面图进行路基土石方的调配。

（5）绘制设计图纸：做出线路平面设计图、纵断面图和典型的路基横断面图。

### （三）飞行航线设计

一般情况下，航线安排以大城市为中心，在大城市之间建立干线航线，同时辅以支线航线，由大城市辐射至周围小城市。依据航线起讫点的不同归属，分为国际航线和国内航线。其中国内航线又分为干线航线和支线航线。

飞行航线设计应遵循的原则：避开飞行禁区；航线上要有足够的备降机场，保证安全；双发飞机还要符合双发延程飞行规定；考虑航线上的地形、气候是否符合要求；尽量少绕路，节省油耗。

### （四）航道选线

运河的选线工作，一般是在航道控制点和线路走向确定后进行，也可相互配合，综合图纸上针对运河的新建或改扩建以及运河水资源综合利用的有关要求。航道选线需要遵循的原则如下：

（1）对于河口上游近口段的选槽定线，要以维持原来水力状态为目的，依据河道中主流冲刷的深槽来布线，顺应水流的自然流态，以有利于维持航槽的稳定。

（2）对于河口段是多河汊三角洲的情况，要分析多河汊形成的原因是潮流不强还是河流含沙量过大，而使河口大量淤积。

（3）对于以潮流动力为主的强潮河口，应沿着落潮主流路来选择航道轴线。从而使航槽稳定，挖方量少，容易采取工程措施，进而满足通航要求。

（4）对于潮流和径流以及波浪都有较大影响的河口，航道选线在河口段应按落潮主流路布置，在海滨段以外应注意研究风浪和沿岸流的影响，从操船作业和航道回淤角度分析不同航道方位的利弊，必要时可以采取防波或防沙工程措施。

（5）航道选线应该设置制造简单、维修方便，使用安全可靠的导助航设施和标志。

### （五）管道选线

管道作为一种长距离输送液体和气体物资的运输方式，专门由生产地向市场输送石油、煤和化学产品，是统一运输网中干线运输的特殊组成部分。但是随着物流行业的不断发展，管道物流从只能配送液体、气体等物质向配送固体物质（包括日用品的运输供应和城市垃圾的外运等）延伸。这类固体货物输送管道的物流运输形式可分为气力输送管道和浆体输送管道。

现阶段，我国配送固体物质的管道理念还不成熟，因此在这里我们仅对输送液体和气体的管道进行介绍。这类管道在选线的过程中应遵循的原则如下：

（1）遵守国家法律、法规、规范和地方政府的有关规定。

（2）管道走向的选择要考虑沿线及下游市场的分布，方便连接支线，同时也要考虑潜在的市场需要。

（3）应充分与当地交通、通信、电力、水利、规划、地震部门协调。

（4）减少通过行政区划的数量。

（5）设计前期应调查沿线已建和拟建的交、直流干扰源，避让干扰严重区。

（6）应做到安全、环保，减少永久性占地及临时占地。

（7）根据沿线的气象、水文、地形地貌、地质、河流等自然条件、沿线交通、电力、水利、工矿企业、城镇建设等现状及发展规划，在便利施工和运行安全的前提下，通过综合分析与技术经济比较确定。

（8）线路走向符合业主提出的沿线经济开发用户的需要，线路局部走向根据站场位置和大中型穿（跨）越工程位置做局部调整。

（9）线路应尽可能取直，缩短线路长度，同时也要尽可能靠近气田、城镇和工矿企业。

（10）线路应尽量减少与天然和人工障碍物的交叉，当必须交叉时，宜垂直交叉，并充分利用现有公路、铁路，以方便施工和管理。

（11）线路宜避开灾害性地质区、多年经济作物区域和重要的农田基本建设设施。当受限制时，可选择合适的位置缩短通过距离，采取工程措施通过。

（12）线路不得通过军事设施、易燃易爆仓库、城市水源区、飞机场、火车站、海（河）港码头、国家级自然保护区和重点文物保护区。

（13）线路应尽量避开多年生经济作物区。

（14）管线应按相关规范规定满足与地面建（构）筑物最小间距要求，确有困难时，必须采取工程措施，保证在不满足最小间距要求时管道是足够安全的，并应获得相关部门批复文件后，才能确定线位。

（15）除管道专用公路的隧道外，线路不应通过铁路或公路的隧道。

（16）线路宜避开滑坡、沼泽、软土、泥石流等不良地质地段，确需通过时，需经技术经济对比并采取可靠的工程措施。

## 【思考题】

1. 物流节点选址规划的目标有哪些？
2. 物流节点选址时应考虑哪些因素？
3. 简述运输方式的种类与特征。
4. 选择运输方式时应该考虑哪些因素？

# 第五章　物流标准化

【学习目标】

1. 掌握重点

物流标准化的概念和标准化文件。

2. 掌握难点

国家标准化文件和行业标准化文件的区别。

3. 理解

物流标准化的特点。

## 第一节　物流标准化概述

### 一、物流标准化的概念

物流标准化是指以物流为一个大系统，制定系统内部设施、机械装备、专用工具等各个分系统的技术标准；制定系统内各分领域如包装、装卸、运输等方面的工作标准；以系统为出发点，研究各分系统与分领域中技术标准与工作标准的配合性，按配合性要求，统一整个物流系统的标准；研究物流系统与相关其他系统的配合性，进一步谋求物流大系统的标准统一。

### 二、物流标准化的特点

物流标准化的主要特点包括以下几方面：

（1）和一般标准化系统不同，物流系统的标准化涉及面更为广泛，其对象也不像一般标准化系统那样单一，而是包括机电、建筑、工具、工作方法等众多种类。虽然处于一个大系统中，但缺乏共性，从而造成标准种类繁多，标准内容复杂，也给标准的统一性及配合性带来很大困难。

（2）物流标准化系统属于二次系统，这是由于物流及物流管理思想诞生较晚，组成物流大系统的各个分系统，过去在没有归入物流系统之前，早已分别实现了本系统的标准化。并且经多年的应用，不断发展和巩固，已很难改变。在推行物流标准化时，必须以此为依据，个别情况固然可将有关的旧标准化体系推翻，按物流系统所提出的要求重建新的标准化体系，但通常还是在各个分系统标准化的基础上建立物流标准化系统。这就必然是从适应性及协调性方面建立新的物流标准化系统，而不可能全部创新。

（3）物流标准化要求体现科学性、民主性和经济性。科学性、民主性和经济性，是标准的“三性”，由于物流标准化的特殊性，必须突出地体现这三性，才能搞好这一标准化。科学性要求要体现现代科技成果，以科学试验为基础，在物流中，则还要求与物流的现代化（包括现代技术及管理）相适应，要求能将现代科技成果联结成一个物流大系统。否则，尽管各种具体的硬技术标准化水平要求颇高，十分先进，但如果不能与系统协调，单项技术再高也是空的，甚至还有相反的作用。所以，这种科学性不但反映本身的科学技术水平，还表现在协调性与适应性方面，使综合的科技水平最优。

民主性是指标准的制定，采用协商一致的办法，广泛考虑各种现实条件，广泛听取意见，而不能过分偏重某一个国家，以使标准更具权威、减少阻力，易于贯彻执行。物流标准化涉及面广，要想达到协调和适应，要民主决定问题，不过分偏向某个方面的意见，使各分系统都能采纳接受，就更具有重要性。

经济性是标准化的主要目的之一，也是标准化生命力的决定因素。物流过程不像深加工那样引起产品的大幅度增值，即使通过流通加工等方式，增值也是有限的。所以，物流费用多开支一分，就要影响一分效益，但是，物流过程又必须有大量投入，如不注重标准的经济性，片面强调反映现代科学水平，片面顺从物流习惯及现状，导致物流成本增加，自然会使标准失去生命力。

（4）物流标准化有非常强的国际性。经济全球化的趋势所带来的国际交往大幅度增加，而所有的国际贸易最终又靠国际物流来完成。各个国家都很重视本国物流与国际物流的衔接，在本国物流管理发展初期就力求使本国物流标准与国际物流标准化体系一致，若不如此，不但会加大国际交往的技术难度，而且在本来就很高的关税及运费基础上又会增加因标准化系统不统一而造成的效益损失，使外贸成本增加。因此，物流标准化的国际性也是其不同于一般产品标准的重要特点。

（5）贯彻安全与保险的原则。物流安全问题也是近些年来非常突出的一个问题，一个安全事故可能会将一个公司损失殆尽，几十万吨的超级油轮、货轮遭受灭顶损失的事例也并不乏见。当然，除了经济方面的损失外，人身伤害也是物流中经常出现的，如交通事故的伤害，物品对人的碰撞伤害，危险品的爆炸、腐蚀、毒害的伤害等。所以，物流标准化的另一个特点是在物流标准中对物流安全性、可靠性的规定以及为安全性、可靠性统一技术标准、工作标准。

物流保险的规定也是与安全性、可靠性标准有关的标准化内容。在物流中，尤其是在国际物流中，都有世界公认的保险险别与保险条款，虽然许多规定并不是以标准化形式出现的，而是以立法形式出现的，但是其共同约定、共同遵循的性质是通用的，是具有标准化内含的，其中不少手续、申报、文件等都有具体的标准化规定，保险费用等的计算也受标准规定的约束。因而，物流保险的相关标准化工作，也是物流标准化的重要内容。

## 三、物流标准化的内容

按照标准化工作应用的范围，物流标准可分为技术标准、工作标准和作业标准，其中，物流技术标准又包括物流基础标准和物流各子系统技术标准。

物流技术标准主要指物流基础标准和物流活动中采购、运输、装卸、仓储、包装、配送、流通加工等方面的技术标准。物流基础标准是制定物流标准应遵循的、全国统一的标准，是制定物流标准必须遵循的技术基础与方法指南，包括专业计量单位标准、物流基础模数尺寸标准、集装基础模数尺寸标准、物流建筑基础模数尺寸标准和物流专业术语标准。物流各子系统技术标准是指物流系统中各子系统的技术标准（包括基础技术标准、产品标准、工艺标准、检测试验方法标准以及安全、卫生、环保标准等），包括运输车船标准、仓库技术标准、包装标准、传输机具标准、集装箱标准、托盘标准、站台标准、货架标准、储罐标准及信息标准。

物流工作标准是对工作内容、方法、程序和质量要求所制定的标准，包括各岗位的职责范围，完成各项任务的程序和方法以及与相关岗位的协调、信息传递方式，工作人员的考核与奖励方法，物流设施、建筑的检查验收规范，吊钩、索具使用、放置规定，货车和配送车辆运行时刻表、运行速度限制以及异常情况的处理方法。

物流作业标准是物流过程中物流设备运行、作业程序、作业要求等的标准。作业标准是实现作业规范化、效率化以及保证作业质量的基础。

## 第二节　物流标准化方法及文件

### 一、物流标准化方法

#### （一）确定物流的基础模数尺寸

物流标准中的工作标准和作业标准一般属于个别企业按照一定的规范要求制定的。统一的物流标准主要是指技术标准，通过制定标准规格尺寸来实现物流系统各个环节的顺畅衔接。基础模数尺寸一旦确定，设备的制造、设施的建设、物流系统中各环节的配合协调、物流系统与其他系统各个环节的配合就以其为依据。模数尺寸关系如图 5-1 所示。

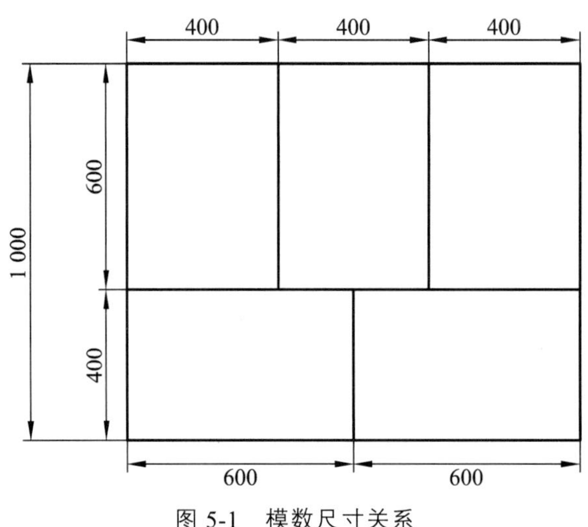


图 5-1　模数尺寸关系

**1. 确定物流模数**

物流模数即集装基础模数尺寸。集装模数尺寸影响和决定着与其有关的各个环节的标准化。集装基础模数可以按物流基础模数 600 mm × 400 mm 的倍数推出系列，也可以以基础模数从大型运输卡车或集装箱的分割推出系列。图 5-2 是以卡车车厢宽度为起点推导集装基础模数尺寸的过程图。

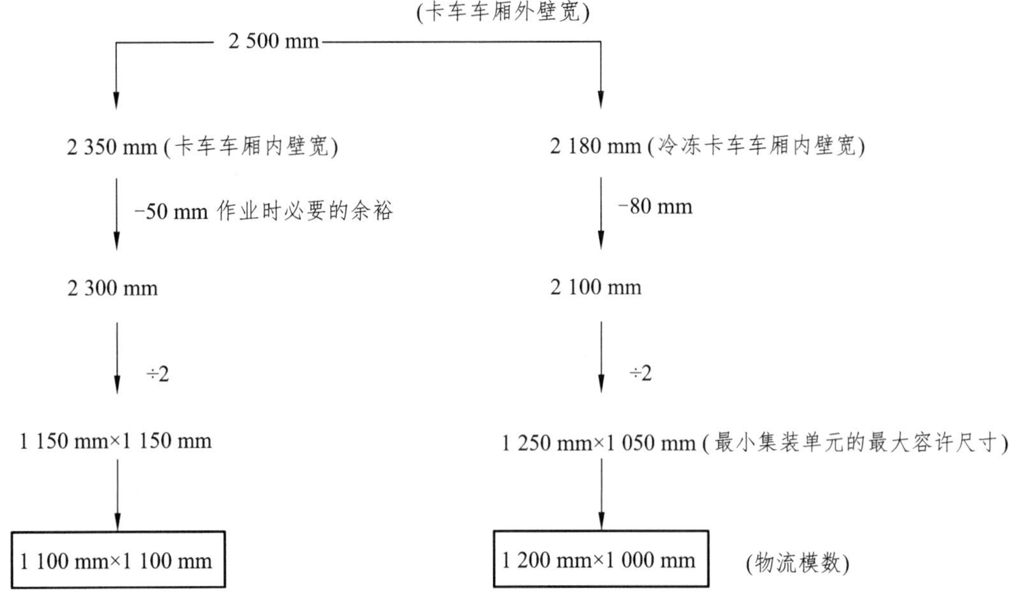


图 5-2　以卡车车厢宽度为起点推导集装基础模数尺寸的过程图

**2. 以分割及组合的方法确定系列尺寸**

从物流模数中选择部分或全部作为定型的生产制造尺寸，从而确定包装容器、运输装卸设备、保管器具等系列尺寸，如图 5-3 所示。

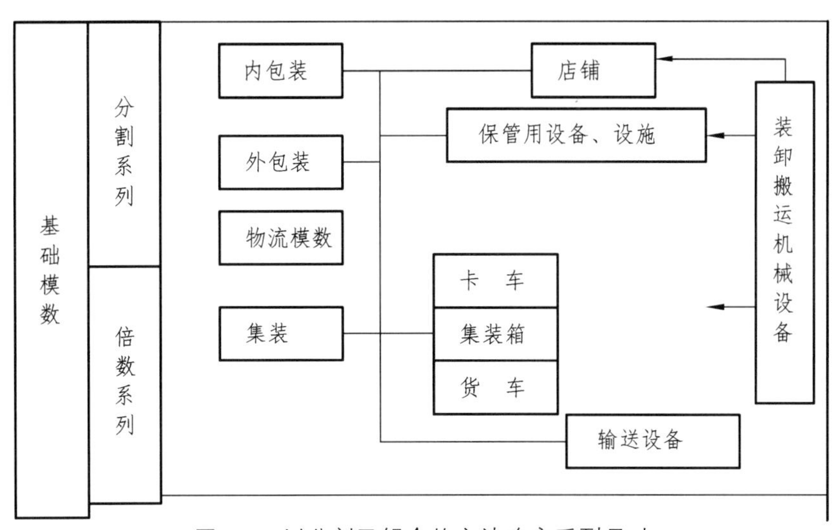


图 5-3　以分割及组合的方法确定系列尺寸

## 二、物流标准化文件

标准化是为在一定的范围内获得最佳秩序，对实际的或潜在的问题制定共同的和重复使用的规则的活动。

标准化是一项制定条款活动，所制定的条款应具备的特点是共同使用和重复使用，条款的内容是现实问题或潜在问题。制定条款的目的是在一定范围内获得最佳秩序。这些条款构成规范性文件，也就是标准化的结果是形成条款，一组相关的条款就形成规范性文件。如果这些规范性文件符合制定标准的程序，经过公认机构发布，就成为标准。所以，标准是标准化活动的结果之一。

（一）国家标准化文件

国家标准是指对全国经济技术发展有重大意义，需要在全国范围内统一技术要求所制定的标准（见表 5-1）。国家标准在全国范围内适用，其他各级标准不得与之相抵触。国家标准是四级标准体系的主体。

表 5-1　国家标准

| 标准号 | 是否采标 | 标准名称 | 状态 | 发布日期 | 实施日期 |
|---|---|---|---|---|---|
| GB 13561.1—2009 | 否 | 港口连续装卸设备安全规程 第 1 部分：散粮筒仓系统 | 现行 | 2009-06-04 | 2010-01-01 |
| GB 13851—2019 | 否 | 内河交通标志安全 | 现行 | 2019-10-14 | 2020-05-01 |
| GB 11602—2007 | 否 | 集装箱港口装卸作业安全规程 | 现行 | 2007-05-15 | 2007-12-01 |
| GB 6975—2013 | 否 | 棉花包装 | 现行 | 2013-12-31 | 2014-04-01 |
| GB 19269—2009 | 否 | 公路运输危险货物包装检验安全规范 | 现行 | 2009-06-21 | 2010-05-01 |
| GB 5144—2006 | 否 | 塔式起重机安全规程 | 现行 | 2006-06-02 | 2007-10-01 |

（二）行业标准化文件

行业标准是指对没有国家标准而又需要在全国某个行业范围内统一技术要求所制定的标准（见表 5-2）。行业标准是对国家标准的补充，是专业性、技术性较强的标准。行业标准的制定不得与国家标准相抵触。国家标准公布实施后，相应的行业标准即行废止。

表 5-2　行业标准

| 标准号 | 标准名称 | 发布日期 | 实施日期 | 类型 | 状态 |
|---|---|---|---|---|---|
| WB/T 1094—2018 | 铁矿石仓储服务规范 | 2018-07-16 | 2018-08-01 | 推标 | 现行 |
| WB/T 1091—2018 | 钢铁物流作业规范 | 2018-07-16 | 2018-08-01 | 推标 | 现行 |
| WB/T 1092—2018 | 钢铁物流包装标准、识别规范 | 2018-07-16 | 2018-08-01 | 推标 | 现行 |
| WB/T 1098—2018 | 家具物流服务规范 | 2018-07-16 | 2018-08-01 | 推标 | 现行 |
| WB/T 1084—2018 | 家电物流配送中心管理规范 | 2018-07-16 | 2018-08-01 | 推标 | 现行 |

续表

| | | | | | |
|---|---|---|---|---|---|
| WB/T 1059—2016 | 肉与肉制品冷链物流作业规范 | 2016-10-24 | 2017-01-01 | 推标 | 现行 |
| WB/T 1045—2012 | 驶入式货架 | 2012-03-24 | 2012-07-01 | 推标 | 现行 |
| WB/T 1044—2012 | 托盘式货架 | 2012-03-24 | 2012-07-01 | 推标 | 现行 |
| WB/T 1029—2006 | 装卸单元和运输包装的条码符合 | 2006-12-31 | 2007-07-01 | 推标 | 废止 |

**【思考题】**

1. 简述物流标准化的内容。
2. 简述物流标准化的方法。
3. 简述标准化的发展趋势。

# 第六章　物流信息技术

【学习目标】

1. 掌握重点

物流信息技术的组成、物流信息系统技术、物流信息应用技术。

2. 掌握难点

理解数据库技术、物流数据自动识别技术、EDI 技术在物流中的作用和重要性。

3. 理解

物流信息管理系统的组成、解决的问题及解决问题的方法。

## 第一节　物流信息技术概述

### 一、物流信息技术相关定义

#### （一）物流信息的定义

物流信息是物流中各种活动状态、特征的信息的展现，是真实生动地反映物流活动的运动变化、相互作用与联系情况的过程。这个过程包括各种知识与资料以及图像、数据、情报等形式。我国国家标准《物流术语》（GB/T 18354—2006）对物流信息的定义为：反应物流各种活动内容的知识、资料、图像、数据、文件的总称。物流信息随生产到消费的物流活动的产生而不断变化，与各种物流过程活动，如装卸、运输、包装、保管及配送等，构成有机的统一体，对顺利进行整个物流活动起着重要的作用。因而，物流与信息密不可分，物流凭借信息的作用由一般的活动变成系统化活动。只要物流运作过程中有信息的参与，物流活动就不会变成一个单向的运营活动。在物流过程中，有了物流信息反馈，物流活动才能变成输出、转换、输入以及信息反馈等在内的现代物流系统。事实上，人们为了更好地理解、应用物流信息，从不同的角度对物流信息进行了分类。

（1）按信息产生的领域和作用的领域，物流信息可分为物流活动所产生的信息和其他信息源产生的供物流使用的信息。

（2）按物流信息作用的不同，物流信息可分为计划信息、控制及作业信息、统计信息和支持信息。

（3）按活动领域分类。物流各个分系统、各不同功能要素领域，由于物流活动性质有区分，信息也有所不同，按这些领域分类，有采购供应信息、仓库信息、运输信息等，甚至还能更细化分成集装箱信息、托盘交换信息、库存量信息、汽车运输信息等。

物流信息在物流活动中具有十分重要的作用，物流信息通过收集、传递、存储、处理、输出等，成为决策依据，对整个物流活动起着指挥、协调、支持和保障作用。具体作用为：沟通联系的作用、引导和协调的作用、管理控制的作用、缩短物流管道的作用、辅助决策分析的作用、支持战略计划的作用、价值增值的作用。

### （二）物流信息技术的定义

物流信息技术是指运用于物流各环节中的信息技术。根据物流的功能以及特点，物流信息技术包括如计算机技术、网络技术、信息分类编码技术、条码技术、射频识别技术、电子数据交换技术、全球定位系统（GPS）、地理信息系统（GIS）等。为了方便学习和研究，可以将物流信息技术分为软件技术和硬件技术。

物流信息技术是物流现代化的重要标志，也是物流技术中发展得最快的领域，从数据采集的条形码系统，到办公自动化系统中的微机、互联网，各种终端设备等硬件以及计算机软件都在不断发展。同时，随着物流信息技术的不断发展，产生了一系列新的物流理念和新的物流经营方式，推进了物流的变革。在供应链管理方面，物流信息技术的发展也改变了企业应用供应链管理获得竞争优势的方式，成功的企业通过应用信息技术来支持它的经营战略并选择它的经营业务。通过利用信息技术来提高供应链活动的效率性，增强整个供应链的经营决策能力。

物流信息技术的蓬勃发展对现代物流的发展形成有力支撑，也为物流行业的发展带来新的动力。在物流信息技术的支持下，物流行业内部的业务有了更细致的划分，出现了第四方、第五方物流的概念，并在现实中成为可能。其中，第五方物流企业在物流实际运作中提供电子商贸技术去支持整个供应链，并且能够组合各接口的执行成员为企业的供应链协同服务。未来，物流行业的发展将以信息技术为主要推动力量，向着更集成化、网络化、高效化方向发展。

## 二、物流信息技术构成

从构成要素上看，物流信息技术作为现代信息技术的重要组成部分，本质上都属于信息技术的范畴，只是因为信息技术应用于物流领域而使其在表现形式和具体内容上存在一些特性。但其基本要素仍然同现代信息技术一样，可以分为四个层次。

### （一）物流信息基础技术

物流信息基础技术即有关元件、器件的制造技术，它是整个信息技术的基础，如微电子技术、光子技术、光电子技术、分子电子技术、机械技术、激光技术等。如果将信息技术按层次划分，这些技术也属于信息技术支撑层次的技术。物流信息技术产业的理论支持和相关元器件的生产制造都离不开物流信息基础技术的发展。下面简单介绍物流信息基础技术。

#### 1. 微电子技术

微电子技术是微电子学中各项工艺技术的总称，它是信息技术领域中的关键技术，是发展电子信息产业和各项高科技技术的基础。微电子技术的核心是集成电路技术，而微电子学是电子学的一门分支，以实现电路和系统的集成为目的，主要研究电子或离子在固体材料中的运动规律及其应用。微电子技术主要包括如下内容：

（1）系统和电路设计技术。

（2）EDA 软件技术。

（3）半导体器件物理。

（4）集成电路制造工艺、材料制备等。

（5）集成电路测试技术。

（6）封装技术等。

**2. 光电子技术**

光电子技术是一个非常宽泛的概念，它围绕着光信号的产生、传输、处理和接收，涵盖了新材料（新型发光感光材料，非线性光学材料，衬底材料、传输材料和人工材料的微结构等）、微加工和微机电、器件和系统集成等一系列从基础到应用的各个领域。光电子技术科学是光电信息产业的支柱与基础，涉及光电子学、光学、电子学、计算机技术等前沿学科理论，是多学科相互渗透、相互交叉而形成的高新技术学科。

### （二）物流信息系统技术

物流信息系统技术即有关物流信息的获取、传输、处理、控制的设备和系统的技术，它是建立在信息基础技术之上的，是整个信息技术的核心。其内容主要包括物流信息获取技术、物流信息传输技术、物流信息处理技术及物流信息控制技术。

物流信息获取技术主要指自动识别技术和网络信息采集技术等。其中条码技术和 RFID 技术是应用得比较广泛的一种信息采集技术。

物流信息系统之间的信息传输涉及 EDI（电子数据交换）、物流分类编码技术、通信技术、信息存储技术等技术。物流信息传输介质分为有线和无线，货物运输在途信息主要通过无线传输。信息传输还分为时间和空间上的信息传输，时间上的信息传输实质是指信息的存储。物流信息传输在传送和接收方面不仅要对信息的载体有共同的解释，对货物分类编码的相关标准也应该保持一致，因而物流信息传输技术还涉及物流分类编码技术。EDI 技术是物流信息传输技术的核心。

物流信息控制技术是指物流信息的搜集、分类、储存、架空处理、检索、传递、输出、销毁等技术。物流信息处理技术是指物流信息的接收、存储、转化、传送和发布等技术，这里包含必要的物流分类编码技术、自动识别技术、便携式读取器、通信技术等。

### （三）物流信息应用技术

物流信息应用技术即基于管理信息系统（MIS）技术、优化技术和计算机集成制造系统（CIMS）技术而设计出的各种物流自动化设备和物流信息管理系统，如自动化分拣与传输设备、自动导引车（AGV）、集装箱自动装卸设备、仓储管理系统（WMS）、运输管理系统（TMS）、配送优化系统、全球定位系统（GPS）、地理信息系统（GIS）等。

物流自动化设备是指物流作业过程中以物流信息技术为基础实现作业自动化的自动化设备或设施，包括运输、装卸、分拣、识别等作业过程中运用的设备，如自动识别系统、自动检测系统、自动分拣系统、自动存取系统、自动跟踪系统等。物流自动化设备的运用可以方便物流信息的实时采集与跟踪，提高整个物流系统的管理和监控水平。物流自动化的设施具体包括条码自动识别系统、自动导向车系统（AGVS）、货物自动跟踪系统（如 GPS）、自动存取系统、自动分拣与传输设备、集装箱自动装卸设备等。

物流管理信息系统，是指物流系统中进行物流信息处理的管理子系统。它通过对系统内外信息的收集、存储、加工处理，获得物流管理中有用的信息，并以表格、文件、报告、图形等形式输出，以便管理人员和领导者有效地利用这些信息组织物流活动、协调和控制各作业子系统的正常运行。在没有特殊声明的情况下，物流管理信息系统指的是计算机物流管理信息系统，简称物流信息系统（Logistic Information System，LIS）。物流信息管理系统根据不同的分类方法，可以分成不同类型的系统。

#### （四）物流信息安全技术

物流信息安全技术即确保物流信息安全的技术，主要包括密码技术、防火墙技术、病毒防治技术、身份鉴别技术、访问控制技术、备份与恢复技术和数据库安全技术等。随着网络通信技术在物流业中的广泛应用，不论是客户还是企业都希望获得真实可靠、可用的货物状态信息或物流作业信息；客户的个人信息和货物状态信息的保密性也应该有所保证。物流信息安全技术主要是为了实现物流信息安全方面的六个目的，即信息的可靠性、可用性、真实性、保密性、完整性和不可抵赖性。

## 第二节　物流信息系统技术

物流信息系统技术是有关物流信息的获取、传输、处理、控制的设备和系统的技术，它是建立在信息基础技术之上的，是整个信息技术的核心。物流信息系统技术主要包含数据库技术、物流数据自动识别技术、EDI 技术等。

### 一、数据库技术

随着信息技术广泛应用于物流活动，仓储、配送、运输、装卸搬运等环节产生了大量的数据：货品入库登记、出库分拣以及盘点，运输路线规划，运输途中对货物监控等也产生了大量的待处理数据。同时，为了数据存储、交流方便，数据库技术对于现代物流的作用毋庸置疑。数据库技术主要是对数据进行存储、添加、修改、删除、处理、分析、理解、报表和打印等进行多种管理，并利用应用管理系统最终实现对数据的处理、分析和理解。

#### （一）数据库的概念

数据库技术是一个统称，它是数据库（DB）、数据库管理系统（DBMS）及数据库系统（DBS）的总称。

数据库是长期存储在计算机内、有组织的、可共享的数据集合。数据库中的数据按一定的数据模型组织、描述、存储，具有较小的冗余度、较高的数据独立性和易扩展性，并可为各种用户共享。

数据库中不仅存储用户的数据，而且还存储有关数据的结构描述信息（称为元数据或数据字典），包括元数据记录表的名称、列的名称、列的类型、列的宽度、小数位数，以及数据的所属权限及其他相关定义。

（二）数据库管理系统

数据库管理系统是人们用于操作数据库的软件产品。人们通过它就可以轻松地操作数据库，而不必了解数据库内部复杂的结构和构成。数据库管理系统是商品化的数据库软件，用户不能对其进行修改。所谓数据库技术不是对数据库管理系统进行设计，而是对数据库的结构进行设计。数据库管理系统的产品有：Oracle、Sybace、DB2、SQL-Server、Access、FoxPro等。这些软件提供了数据存储、查询、检索、运算、统计、编辑与打印等多种功能，用户使用数据库管理系统所提供的命令与函数，不仅可以直接进行数据库操作，而且可以利用这些命令和函数编制各种应用程序。这类软件的通用性比较强、掌握容易，不仅功能强而且程序编制简单，比用高级语言编程要简单得多，编制的速度要快得多。

（三）数据库系统

数据库系统与前两者关系密切但又是两回事，它是一个计算机应用系统。数据库系统除了包括以数据为主体的数据库、管理数据库的系统软件 DBMS，还包括支持数据库系统的计算机硬件环境和操作系统环境，以及管理和使用数据库系统的人，特别是负责设计、维护数据库的技术人员、数据库管理员（DBA-Data Base Administrator）。

数据库系统能够执行数据处理与数据管理，在实际的管理工作中获得了广泛的应用。

由于数据库技术的特殊优点及其不断发展，使其在管理信息系统的开发中得到了越来越广泛的应用。数据库系统的结构如图 6-1 所示。

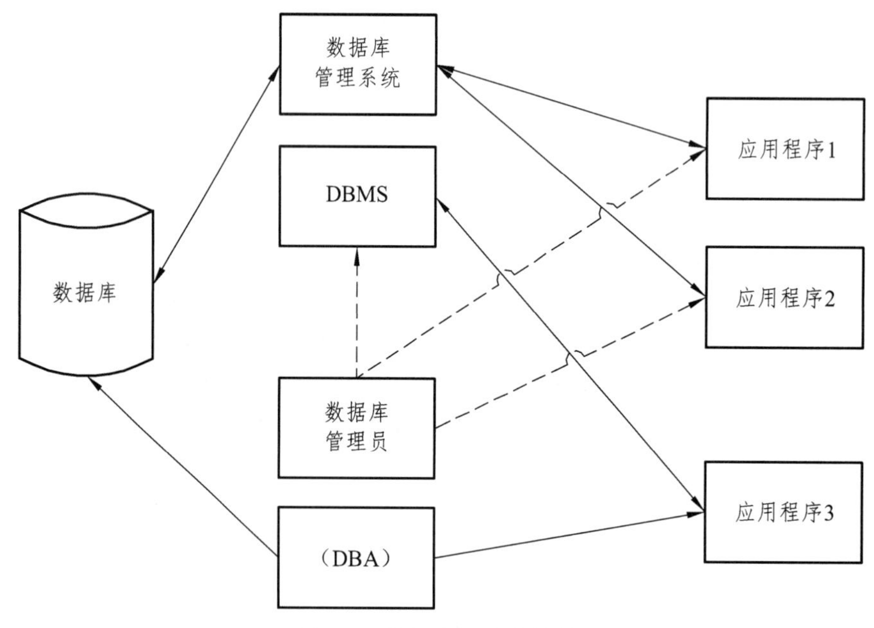


图 6-1　数据库系统的结构

从图 6-1 可以看出，在数据库系统中，数据库管理系统是核心，应用程序对数据库的各种操作必须通过数据库管理系统才能实施。从图 6-1 还可以看出，数据库管理员就是数据库系统的开发人员，他要选择合适的管理信息系统，设计数据库的结构，设计与调试应用程序。

## 二、物流数据自动识别技术

在信息系统早期，大部分数据的处理都是通过人工手工录入的。这样，不仅数据量十分庞大，劳动强度大，而且数据误码率也较高，以致失去了实时的意义。为了解决这些问题，人们就研究和发展了各种各样的自动识别技术，逐步从繁沉、重复的手工劳动中解放出来，提高了系统信息的实时性和准确性，从而为生产的实时调整、财务的及时总结以及决策的正确制定提供正确的参考依据。

在当前比较流行的物流研究中，基础数据的自动识别与实时采集是物流信息系统（Logistics Management Information System，LMIS）存在的基础。因为物流过程比其他任何环节更接近于现实的“物”，物流产生的实时数据比其他任何工种都要密集，数据量都要大。

自动识别技术是以计算机技术和通信技术的发展为基础的综合性科学技术，它是信息数据自动识读、自动输入计算机的重要方法和手段。归根到底，自动识别技术是一种高度自动化的信息或者数据采集技术。

近几十年来，自动识别技术在全球范围内得到了迅猛发展，初步形成了一个包括条码技术、磁条磁卡技术、IC 卡技术、光学字符识别、射频技术、声音识别及视觉识别等集计算机、光、磁、物理、机电、通信技术于一体的高新技术学科。

一般来讲，在一个信息系统中，数据的采集（识别）完成了系统的原始数据的采集工作，解决了人工数据输入速度慢、误码率高、劳动强度大、工作简单重复性高等问题，为计算机信息处理提供了快速、准确地进行数据采集输入的有效手段。因此，自动识别技术作为一种革命性的高新技术，正迅速被人们所接受。自动识别系统通过中间件或者接口（包括软件的和硬件的）将数据传输给后台处理计算机，由计算机对所采集到的数据进行处理或者加工，最终形成对人们有用的信息。在有的场合，中间件本身就具有数据处理功能。中间件还可以支持单一系统不同的协议产品的工作。

物流领域应用自动识别技术是相当普遍的，当然目前还存在低端技术和产品多而广泛应用，而高端技术和产品应用相对较少的情况。当然，后者存在着较好的成长性。在物流领域，当前应用的最普遍的还是单据的自动识别。我们在 EMS 和很多快递公司的账单上可以感受到单据的条码化。从日常生活我们可以感受到，进入我们生活的物流企业、国际物流企业的单据和粘贴在物品上的标签已经条码化、标准化了，从而便于这些企业的员工通过手持的条码终端在收货、分发的过程中对单据和物品进行自动识别，以准确无误地将文件和包裹送到客户手上。与此相类似，在制造业企业中，很多工作单都已经条码化编号，以使单据可以被准确识别并记录下来。在制造业的物料配送过程中，采用自动识别技术的也相对较多。原因是在大批量制造的过程中，物料的规格相对固定，比较容易用条码编制物料的序列号，从而在传送带上可以方便地进行自动识别。很多电子产品、汽车等机械产品、医药产品等附加值比较高的产品的物料管理和自动装配线的传送带上安装固定式的自动识别设备来自动识别这些物料，管理这些物料的内部配送和领用记录，从而便于及时采购和交付，实现准时交付的物流要求。

卡识别技术、声音识别、视觉识别和光学识别技术在物流作业中各有应用，相对于应用广泛的条码技术和射频识别技术各有优劣。

（一）条码技术

**1. 条码的结构和种类**

条码是由一组规则排列的条、空以及对应的字符组成的标记。“条”指对光线反射率较低的部分，“空”指对光线反射率较高的部分，这些条和空组成的数据表达一定的信息，并能够用特定的设备识读，转换成与计算机兼容的二进制和十进制信息。通常，对于每一种物品，它的编码是唯一的。

一个完整的条码是由两侧的静区、起始字符、数据字符、校验字符（可选）和终止字符组成的（见表 6-1）。

表 6-1　条码结构

| 静区 | 起始字符 | 数据字符 | 校验字符 | 终止字符 | 静区 |
|---|---|---|---|---|---|

起始字符：条码符号的第一位字符，标志着一个条码符号的开始。

数据字符：位于起始字符和校验字符之间的字符，表示该条码的值。

校验字符：对条码值执行某种运算后的结果。条码扫描仪对扫入的条码进行某种规定的运算，若获得的结果与校验字符代表的值相同，则认为此次阅读有效，否则不予读入。

终止字符：条码符号的最后一位字符，标识一个条码符号的结束。条码扫描仪获得该字符后即停止扫描。

图 6-2 为一 EAN-13 码的示例。

图 6-2　EAN-13 码

条码按码制来分，主要分为以下几种：

（1）UPC 码。

1973 年，美国率先在国内的商业系统中应用 UPC 码之后，加拿大也在商业系统中采用 UPC 码。UPC 码是一种长度固定的连续型数字式码制，其字符集为数字 0 ~ 9。它采用四种元素宽度，每个条或空是 1、2、3 或 4 倍单位元素宽度。UPC 码有两种类型，即 UPC-A 码和 UPC-E 码。

（2）EAN 码。

1977 年，欧洲经济共同体各国按照 UPC 码的标准制定了欧洲物品编码 EAN 码，与 UPC 码兼容，而且两者具有相同的符号体系。EAN 码的字符编号结构与 UPC 码的相同，也是长度固定的、连续型的数字式码制，其字符集是数字 0 ~ 9。它采用四种元素宽度，每个条或空是 1、2、3 或 4 倍单位元素宽度。EAN 码有两种类型，即 EAN-13 码和 EAN-8 码。

（3）交叉 25 码。

交叉 25 码是一种长度可变的连续型自校验数字式码制，其字符集为数字 0 ~ 9。采用两种元素宽度，每个条和空是宽或窄元素。编码字符的个数为偶数，所有奇数位置上的数据以条编码，偶数位置上的数据以空编码。如果为奇数个数据编码，则在数据前补一位 0，以使数据为偶数个数位。

（4）39 码。

39 码是第一个字母数字式码制，由 Intermec 公司于 1974 年推出。它是长度可比的离散型自校验字母数字式码制。其字符集为数字 0 ~ 9，26 个大写字母和 8 个特殊字符（+、-、.、$、/、%、*、SPACE），共 43 个字符。每个字符由 9 个元素组成，其中有 5 个条（2 个宽条、3 个窄条）和 4 个空（1 个宽空、3 个窄空），是一种离散码。

（5）库德巴码。

库德巴码（Code Bar）出现于 1972 年，是一种长度可变的连续型自校验数字式码制。其字符集为数字 0 ~ 9 和 6 个特殊字符（-、:、/、。、+、￥），共 16 个字符。常用于仓库、血库和航空快递包裹中。

（6）128 码。

128 码出现于 1981 年，是一种长度可变的连续型自校验数字式码制。它采用四种元素宽度，每个字符有 3 个条和 3 个空，共 11 个单元元素宽度，又称（11，3）码。它有 106 个不同条形码字符，每个条形码字符有 3 种含义不同的字符集，分别为 A、B、C。它使用这 3 个交替的字符集可将 128 个 ASCII 码编码。

（7）93 码。

93 码是一种类似于 39 码的条码，但编码密度比 39 码高，能够代替 39 码。

（8）49 码。

49 码是一种多行的连续型、长度可变的字母数字式码制，出现于 1987 年，主要用于小物品编码。采用多种元素宽度，其字符集为数字 0 ~ 9，26 个大写字母和 7 个特殊字符（-、。、Space、%、/、+、%、￥）、3 个功能键（F1、F2、F3）和 3 个变换字符，共 49 个字符。

（9）其他码制。

除上述码外，还有其他码制。例如：25 码出现于 1977 年，主要用于电子元器件标签；矩阵 25 码是 11 码的变形；Nixdorf 码已被 EAN 码所取代；Plessey 码出现于 1971 年 5 月，主要用于图书馆等。

按维数来分，条码主要分为一维条码和二维条码。

目前，常用的物流条码主要分为 3 种：通用商品条码、ITF—14 条码（14 位交叉 25 条码）和贸易单元 128 条码。商品单元通常由消费单元、储运单元和货运单元组成。通用商品条码常用于消费，ITF—14 条码主要用于储运单元，贸易单元 128 条码则往往通过运用贸易单元 128 条码来标识。

**2. 条码扫描器**

条码扫描器，又称条码阅读器、条码扫描枪、条形码扫描器、条形码扫描枪及条形码阅读器。它是用于读取条码所包含信息的阅读设备，利用光学原理，把条形码的内容解码后通过数据线或者无线的方式传输到电脑或者别的设备。条码扫描器的结构通常为以下几部分：光源、接收装置、光电转换部件、译码电路、计算机接口。扫描枪的基本工作原理：由光源发出的光线经过光学系统照射到条码符号上面，被反射回来的光经过光学系统成像在光电转换器上，经译码器解释为计算机可以直接接受的数字信号。除一、二维条码扫描器分类，还可分类为：光笔、CCD、激光扫描器。

普通的条码阅读器通常采用光笔、CCD、激光、影像型红光四种技术。

（1）光笔的工作原理。

光笔是最先出现的一种手持接触式条码阅读器，也是最经济的一种条码阅读器。

使用时，操作者需将光笔接触到条码表面，通过光笔的镜头发出一个很小的光点，当这个光点从左到右划过条码时，在“空”部分，光线被反射，在“条”部分，光线将被吸收。因此，在光笔内部产生一个变化的电压，这个电压通过放大、整形后用于译码。光笔阅读器携带方便，且没有移动部件，不易损坏，但只能阅读打印条件较好的条码，其他情况下阅读率较低。

（2）CCD 阅读器的工作原理。

CCD 即电子耦合器件（Charge Coupledevice），比较适合近距离和接触阅读，它的价格没有激光阅读器贵，而且内部没有移动部件。CCD 阅读器使用一个或多个 LED，发出的光线能够覆盖整个条码。条码的图像被传到一排光上，被每个单独的光电二极管采样，由邻近的探测结果为“黑”或“白”区分每一个条或空，从而确定条码的字符。换言之，CCD 阅读器不是阅读每一个“条”或“空”，而是阅读条码的整个部分，并转换成可以译码的电信号。与其他阅读器相比，CCD 阅读器的价格较便宜，操作简单。它的重量比激光阅读器轻，而且不像光笔一样只能接触阅读。但 CCD 阅读器阅读的深度和宽度不足，对宽度较大的条码无法阅读且易出现误读，同时阅读器自身也易损坏。

（3）激光枪的工作原理。

激光扫描仪是各种扫描器中价格相对较高的，但它所能提供的各项功能指标最高，因此在各个行业中都被广泛应用。

激光扫描仪分为手持与固定两种形式：手持激光枪连接方便简单、使用灵活；固定式激光扫描仪适用于阅读量较大、条码较小的场合，能有效解放双手的工作。

优点：激光扫描仪可以很方便地用于非接触扫描。通常情况下，在阅读距离超过 30cm 时激光阅读器是唯一的选择。激光阅读条码密度范围广，并可以阅读不规则的条码表面并透过玻璃或透明胶纸阅读，因为是非接触阅读，所以不会损坏条码标签；因为有较先进的阅读及解码系统，首读识别成功率高、识别速度相对光笔及 CCD 更快，而且对印刷质量不好或模糊的条码识别效果好；误码率极低（仅约为 0.33%）；激光阅读器的防震防摔性能好。

缺点：激光扫描仪的缺点是它的价格相对较高，但如果计算购买费用与使用费用的总和，与 CCD 阅读器并没有太大的区别。

### 3. 条码技术的应用

（1）条形码在流通企业中的应用。

货物的条形码是建立整个供应链的最基本条件，它是实现仓储自动化的第一步，也是 POS 系统快速准确收集销售数据的手段。借助条形码，POS 系统可以实现商品从订购、送货、内部配送、销售、盘货等零售业循环的一元化管理，使商业的管理模式实现两个转变：从传统的依靠经验管理转变为依靠精确的数字分析管理；从事后管理（隔一段时间进行结算、盘点）转变为“实时”管理（对每一商品项目，如品种、规格、包装样式等明细账的管理）。由此，销售商可随时掌握商品早晚销售情况，以调整进货计划，组织适销货源，从而减少脱销、滞销带来的损失，并可以加速资金周转，有利于货架安排的合理化，提高销售额。

（2）条形码在加工制造业中的应用。

加工制造业范围很广，这里仅以汽车制造业为例来进行说明。汽车制造是通过流水作业线完成的，一辆汽车要由成千上万个零件装配而成，汽车型号不同，所需要的零部件的品种和数量也不同。有的要空调，有的要后备厢，有的要机械换挡变速箱，有的要液压变速箱等。为了能按订单生产，在先进的工业化国家，不同型号的汽车要在同一生产线上装配，为了避免差错，在零部件进入装配线前，要用扫描器识别零部件的条形码，确认它与所要装配的汽车匹配。在汽车装配完毕后还要识别整车上的条形码。一方面，对生产完成情况做一个记录；另一方面，不同型号的车辆要通过不同的试验程序。试验机可以根据整车的条形码信息自动完成所需要的试验项目。

（3）条形码在物流作业中的应用。

条形码的物流应用包括配送中心的订货、进货、补货、拣货、交货、仓储配送等。

① 订货。

我们以便利店订货簿的方式为例，连锁总部定期将订货簿发给各便利店，订货簿上有商品名称、商品货号、商品条形码、订货点、订货单位、订货量等，工作人员拿着订货簿巡视各商品以确认所剩陈列数，记入订货量，或用条形码扫描器扫描预订商品的条形码并输入订货量，再用调制器传出订货数据。

② 配送中心的进货验收作业。

对整箱进货的商品，其包装箱上有条形码，放在输送带上经过固定式条形码扫描器的自动识别，可接受指令传送到存放位置附近。对整个托盘进货的商品，叉车驾驶员用手持式条码扫描器扫描外包装箱上的条形码标签，利用计算机与射频数据通信系统，可将存放指令下载到叉车的终端机上。

③ 补货作业。

基于条形码进行补货，可确保补货作业的正确性。有些拣货错误源于前项的补货作业错误。商品进货验收后，移到保管区，需适时、适量地补货到拣货区。为避免补货错误，可在储位卡上印上商品条形码与储位码的条形码，当商品补货到位后，以手持式条形码扫描器读取商品条形码和储位码条形码，由计算机核对是否正确，这样就可保证补货作业正确。

④ 拣货作业。

拣货有两种方式：一种是按客户进行拣取的摘取式拣货；另一种是先将所有客户对各商品的订货汇总，一次拣出，再按客户分配各商品量，即整批拣取，二次分拣，成为播种式拣货。对于摘取式拣货作业，拣取后用条形码扫描器读取刚拣取商品上的条形码，即可确认拣货的正确性。对于播种式拣货作业，可使用自动分货机。当商品在输送带上移动时，有固定条形码扫描器判别商品货号，指示移动路线与位置。

⑤ 交货时的交点作业。

交货时的交点作业通常分为两种形式：一种是由配送中心出货前即复点数量；另一种是交由客户当面或事后确认。对于配送中心出货前的复点式作业，由于在拣货的同时已经用条形码确认过，就无须进行此复点作业了。对于客户的当面或事后确认，由于拣货时已用条形码确认过，交货时无须双方逐一核对。

⑥ 仓储配送作业。

其实商品的自动辨识方法还可以采用磁卡、IC 卡等其他方式来达成。但就物流仓储配送作业而言，由于大多数的储存货品都具备条形码，所以用条形码做自动识别与资料收集是最便宜、最方便的方式。商品条形码上的资料经条形码读取设备读取后，可迅速、正确、简单地将商品资料自动输入，从而达到自动化登录、控制、传递、沟通的目的。其在储存管理方面有以下作用：

a. 登录快速，节省人力。

b. 提高物流作业效率。

c. 减少管理成本。

d. 降低错误率，提高作业质量。

e. 更精确地控制储位的指派与货品的拣取。

f. 可方便有效地盘点货品，准确地掌握库存，控制存货。

g. 可做到实时数据收集，实时显示，并经计算机快速处理而达到实时分析与实时控制的目的。

由此可见，条形码技术已经成为物流现代化的一个重要组成部分。同时，它还有力地促进了物流体系各环节作业的机械化、自动化，对物流各环节的计算机管理起着基础性作用。条形码在现代化物流管理中起着直接、高效的信息媒体作用，它使现代化的管理和现代化的技术互相结合。以条形码技术的应用为基础的信息流将是未来信息技术的重要特征。控制了信息流就控制了物流，信息技术的现代化必然促进物流技术和管理的现代化。我国物流业要在条形码的开发应用上多下功夫，学习国外先进的经验，加快条形码的普及应用，推动物流现代化的发展。

### （二）RFID 技术

#### 1. RFID 的定义

国内外关于 RFID（Radio Frequency Identification，RFID）技术的定义有很多，其中比较典型的有以下几个：

（1）游战清先生对 RFID 技术的定义如下：RFID 是一种非接触式的自动识别技术，利用射频信号及空间耦合和传输特性实现对静止或移动物体的自动识别及数据交换。

（2）美国 RFID 解决方案公司的总裁 Harold 先生认为：RFID 利用了无线电和数字优势的技术，它建立在世界上最伟大的一项突破技术——无线电的基础之上。

（3）EPCglobal 对 RFID 技术的定义：利用无线电波识别唯一商品的方法。

综合各种定义，RFID 是指基于无线电基础，利用射频信号对静止或者移动的物体进行自动识别和数据交换的技术。

#### 2. RFID 系统的构成

RFID 系统主要由以下 3 个部分组成：信号发射机、信号接收机和天线。

（1）信号发射机。信号发射机为了不同的应用目的，会以不同的形式存在，典型的形式是标签（TAG）。标签相当于条码技术中的条码符号，用来存储需要识别传输的信息。另外，与条码不同的是，标签必须能够自动或在外力的作用下，把存储的信息主动发射出去。标签一般是带有线圈、天线、存储器与控制系统的低电集成电路。

（2）信号接收机。信号接收机一般可称作阅读器。根据支持的标签类型不同和完成的功能不同，阅读器的复杂程度也是显著不同的。阅读器的基本功能就是提供与标签进行数据传输的途径。另外，阅读器还提供相当复杂的信号状态控制、奇偶错误校验与更正功能等。标签中除了存储需要传输的信息外，还必须含有一定的附加信息，如错误校验信息等。识别数据信息和附加信息按照一定的结构编制在一起，并按照特定的顺序向外发送。阅读器通过接收到的附加信息来控制数据流的发送。一旦到达阅读器的信息被正确接收和译解后，阅读器通过特定的算法决定是否需要用发射机将发送的信号重发一次，或者知道发射器停止发信号，这就是“命令响应协议”。使用这种协议，即便在很短的时间、很小的空间阅读多个标签，也可以有效地防止“欺骗问题”的产生。

（3）天线。天线是标签与阅读器之间传输数据的发射、接收装置。在实际应用中，除了系统功率，天线的形状和相对位置也会影响数据的发射和接收，需要专业人员对系统的天线进行设计、安装。

### 3. RFID 的原理

阅读器通过发射天线发送一定频率的射频信号，当射频卡进入发射天线工作区域时产生感应电流，射频卡获得的能量被激活；射频卡将自身编码等信息通过卡内置发送天线发送出去；系统接收天线接收到从射频卡发送来的载波信号，经天线调节器传送到阅读器，阅读器对接收的信号进行解调和解码然后送到后台主系统进行相关处理；主系统根据逻辑运算判断该卡的合法性，针对不同的设定做出相应的处理和控制，发出指令信号控制执行机构动作。

在耦合方式（电感-电磁）、通信流程（FDX、HDX、SEQ）、从射频卡到阅读器的数据传输方法（负载调制、反向散射、高次谐波）以及频率范围等方面，不同的非接触传输方法有根本的区别。但所有的阅读器在功能原理上，以及由此决定的设计构造上都很相似，所有阅读器均可简化为高频接口和控制单元两个基本模块。高频接口包含发送器和接收器，其功能包括：产生高频发射功率以启动射频卡并提供能量；对发射信号进行调制，将数据传送给射频卡；接收并解调来自射频卡的高频信号。图 6-3 为 RFID 识别原理的简单示意图。

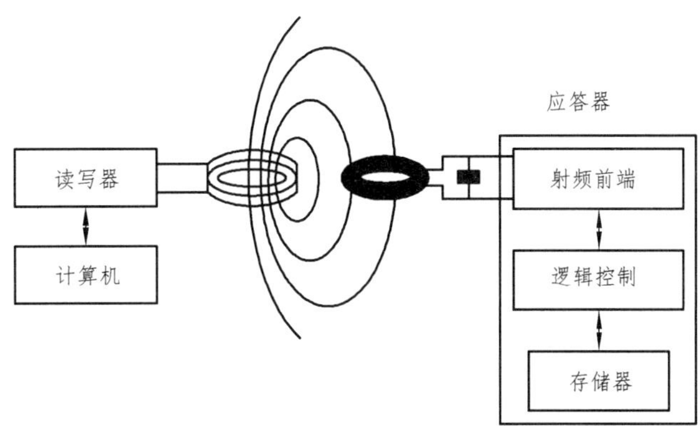


图 6-3　RFID 系统结构

#### 4. RFID 相对于条形码的比较优势

与传统条形码识别技术相比，RFID 具有以下优势：

（1）快速扫描。

条形码一次只能有一个被扫描，而 RFID 辨识器可以同时读取多个 RFID 标签。

（2）体积小型化、形状多样化。

RFID 在读取上并不受尺寸大小与形状限制，不需为了读取精确度而配合纸张的固定尺寸和印刷品质。此外，RFID 标签可往小型化与多样形态发展，以应用于不同的产品。

（3）抗污染能力和耐久性。

传统条形码的载体是纸张，因此容易受到污染，但 RFID 对水、油和化学药品等物质具有很强的抵抗性。此外，由于条形码是附于塑料袋或外包装纸箱上的，所以容易受到折损；RFID 卷标是将数据存在芯片中，因此可以免受污损。

（4）可重复使用。

如今的条形码印刷上去之后就无法更改，RFID 标签则可以重复地新增、修改、删除 RFID 卷标内储存的数据，方便信息的更新。

（5）穿透性和无屏障阅读。

在被覆盖的情况下，RFID 能够穿透纸张、木材和塑料等非金属或非透明的材质，并能够进行穿透性通信。而条形码扫描机必须在近距离而且没有物体阻挡的情况下，才可以辨读条形码。

（6）数据的记忆容量大。

一维条形码的容量是 50Bytes，二维条形码最大的容量可储存 2 ~ 3 000 字符，RFID 最大的容量则有数兆 Bytes。随着记忆载体的发展，数据容量也有不断扩大的趋势。未来，物品所需携带的资料量会越来越大，对卷标所能扩充容量的需求也相应增加。

（7）安全性。

由于 RFID 承载的是电子式信息，其数据内容可经由密码保护，使其内容不易被伪造及变造。

#### 5. RFID 在物流中的作用

由于 RFID 标签可以唯一地标识商品，通过计算机技术、网络技术、数据库等技术的结合，可在物流的各个环节上跟踪货物，实时地掌握商品在物流节点中所处的位置。应用该技术，可以实现如下目标，获取预期的经济效益。

（1）缩短作业流程。

对于配送中心，出入库在平时作业中占很大的比例，将托盘上和包装箱上贴上 RFID 标签，在配送中心出入库口处安放阅读器，出入库时利用叉车将货物送入（出），在出入口处无须停止即可进行扫描，在流程中捕获数据，阅读器可以远距离地、动态地一次性识别多个标签。计算机根据所阅读到的信息，对数据库进行访问，并进行相应的数据记录，大大节省了出入库的作业时间。

（2）改善盘点作业质量。

由于每个包装箱和托盘上都贴有 RFID 标签，进行盘点作业时，只需要利用手持式 RFID 阅读器经过所有货架，阅读器就自动获取所有标签上的信息，利用 PC 机进行盘点记录。利用 RFID 技术将大大减少传统盘点作业中出现的遗漏等差错，增强信息的准确性和可靠性。

（3）增大配送中心的吞吐量。

配送中心的主要出入库作业效率提高以后，配送中心对货物的处理能力将大大提高，这样就可以增加配送中心每日的货物吞吐量，为配送中心获得更大的经济效益。

（4）降低运转费用。

由于 RFID 技术可以动态地同时识别多个数据且识别距离较大。在出入库作业过程中，验收和出入库几乎是同时完成的，无须再将货物堆放在收货区等待和扫描，而直接可以接货后验货入库、拣货后验货出库。这样大大减少了货物在配送中心内的流转次数，降低了搬运所产生的设备费用和人工费用。

（5）物流跟踪。

RFID 技术的核心是标签上的 EPC（产品电子代码）提供了物理对象的唯一标识。利用 EPC 可以实现货物在整个物流系统中被跟踪及对物流系统的自动化管理，增加了物流管理的透明化。

（6）信息的传送更加迅速、准确。

由于远距离、动态的自动识别，一次识别多个标签等优势，RFID 技术使信息的传递更加迅速、准确，大大减少了错误和遗漏的发生。特别是在盘点作业中，遗漏和错误的产生一直是盘点作业的一大难题。

### 6. RFID 技术应用存在的不足

（1）在实施的过程中，如何保证每一个标签都能够被读取是一个有待解决的问题。

目前，RFID 主要应用于托盘和集装箱上，而如果涉及很多数目的物品，这就成为一个重要的问题。在动态的情况下，以什么样的视角才能达到最好的读取效果，这些都有待进一步的测试。

（2）在应用 RFID 前，需要一个测试的过程。

一般来说这个过程比较漫长，如何在保证原有生产的情况下，实施向 RFID 系统的平滑过渡，这对企业来说是一个很大的挑战。目前，不管是 RFID 的测试还是实施，都是一个大工程。

（3）在 RFID 的应用过程中，需求、成本和标准是影响 RFID 技术应用的主要因素。

需求上，大部分的企业对 RFID 仍然采用观望的态度。因为 RFID 的优势是建立在信息的采集以及信息共享上，提升信息共享链条是重中之重。从成本来看，目前标签的成本仍然偏高，特别是用于制造行业中时，什么材料什么工序采用 RFID 系统也是一个重要的问题。应用过程中，肯定需要 RFID 标准，但是目前还并没有一个统一的标准。

（4）RFID 技术尚未完全成熟。

特别是应用于某些特殊的产品，如液体或金属罐等时，大量 RFID 标签无法正常起作用，同时标签的可靠性也是个大问题。就目前来看，现在普遍使用的 134KHz 和 13.56KHz 因传输距离太短，限制了阅读器和 RFID 标签间的传输距离，使若干标签不能有效地被读取，以致标签失效率很高。此外，RFID 标签与读取机有方向性，射频识别讯号易被物体阻断，也是 RFID 技术发展的一大挑战。即使贴上双重标签，仍有 3%的标签无法被识别。

（5）RFID 的应用涉及人员失业、隐私保护以及安全问题。

企业采用射频识别系统后，物流系统过程中原来由手工完成的工作将有很大一部分被该系统取代，其衍生而来的问题就是许多劳工将面临失去工作的危机。同时，RFID 的大规模应用还会涉及隐私保护以及安全问题，当前的无源 RFID 系统没有读写能力，所以无法使用密钥验证方法来进行身份验证，如果标签是有源的，并且会收到不断变化的验证密钥，将会大大提高其安全性，不过这又会增加其成本。正因为如此，目前的 RFID 技术在对信息有保密要求的领域展开应用还存在障碍。

## 三、EDI 技术

### （一）EDI 的概念

国际标准化组织电工委员会在 ISO/IEC14662 中对 EDI 的定义为：“电子数据交换：在两个或两个以上的组织的信息系统之间，为实现业务目的而进行的预定义和机构化的数据的自动交换。”EDI 是按照协议对具有一定结构特征的标准信息，经数据通信网络，在计算机系统之间进行交换和自动处理。即 EDI 用户根据国际通用的标准格式编制报文，以机器可读的方式将结构比的信息，如订单、发票、提货单、海关申报单、进出口许可证等日常往来的“经济信息”,按照协议将标准化文件通过通信网络传送。报文接收方按国际统一规定的语法规则，对报文进行处理，通过信息管理系统和作业管理的决策支持系统，完成综合的自动交换和处理。EDI 的特点如下：

（1）两个或多个计算机应用进程间的通信；

（2）遵循一定的语法规则与国际标准；

（3）数据是自动地投递传输处理而不需要人工介入，由应用程序对它自动响应，从而实现事务处理或贸易自动化；

（4）通信网络是 EDI 应用的基础；

（5）计算机应用是 EDI 的条件；

（6）标准化是 EDI 的关键。

联合国的一项调查表明，在一次进出口贸易当中，贸易双方需提交约 200 份文件和表格，这样全世界每年用于贸易活动的文件就需要上亿份，其纸张、行文、打印及纠错的总开销约为货物价格的 7%。同时，一份文件传输到目的地以后，有多达 70%的数据需要重新输入电脑。这是一项既费力费时，又成本高昂的重复劳动。使用 EDI 来传输电子文件，不仅可以简化企业交易活动之间的流程、加快文件办理的速度，还可以减少纸面作业，降低成本，更可以利用 EDI 技术来保证所传输文件的合法有效性和安全性，能起到一举数得的效果。

通常，在贸易或行政过程中使用的 EDI 系统主要如下：

（1）贸易信息 EDI 系统，主要用电子数据文件来传输包括贸易合同（销售确认书）、订单、发货单、发票、装箱单、报关单证、各类通知在内的各种贸易文件。

（2）电子金融汇兑系统（Electronic Fund Transfer），即在银行和相关组织之间实行电子货币的汇兑。

（3）交互式应答系统（Interactive Query Response），可以应用在旅行社或航空公司作为机票预订系统。这种系统的交互性在于用户可以实时查询航班和机票信息，然后订购打印机票。

（4）具有图形资料传输功能的 EDI 系统，一般用于 CAD 图纸的自动传输。比如，设计公司设计了某种产品的图纸，就可通过 EDI 系统发送给生产企业的计算机系统，生产企业的计算机系统即可以根据图纸实施零配件订购、生产排程等工作。

EDI 报文是结构化的数据，它是按照标准进行格式化的，EDI 用户的应用系统使用的则是各种数据库的数据格式。因此，EDI 用户在报文提交网络前，必须将它译成标准的 EDI 报文格式。在实际应用中，翻译软件（或翻译器）是将无格式的数据文件，填到 EDI 报文的相应字段中完成翻译。这种无格式的数据文件被称为平面文件（Flat—file）。用户应用系统从数据库中取出用户格式数据时，需要有一个映射程序作为用户数据库与翻译软件包的接口。其作用是将用户的格式数据文件翻译成平面文件。单证，即 Document，泛指贸易的发货单、合同等，它是由人或机器阅读所记录数据的数据载体。EDI 单证的处理过程如图 6-4 所示。

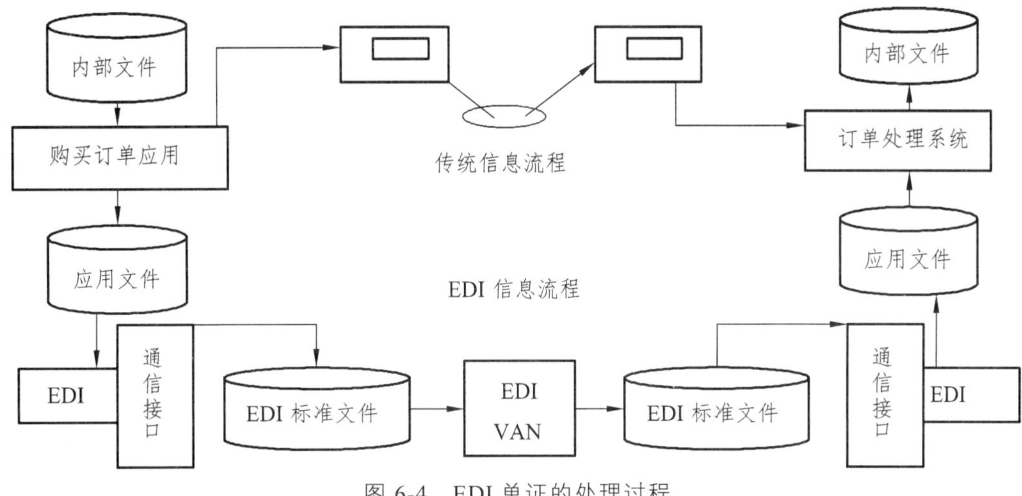


图 6-4　EDI 单证的处理过程

（1）用户应用系统从数据库取得用户格式数据，通过映射程序把用户格式数据展开为平面文件，以便使翻译器能识别。翻译器按照 EDI 标准将平面文件翻译成 EDI 报文。

（2）通信软件将已转换成标准格式的 EDI 报文，经通信线路传送至网络中心。

（3）贸易伙伴通过通信线路到网络中心取得数据，也可通过通信网络自动通知贸易伙伴。

（4）贸易伙伴将取回的具有 EDI 标准格式的数据，经 EDI 翻译器，转换成平面文件。平面文件经映射程序转换成用户格式数据存入相应的用户数据库，并送达接收 EDI 用户的应用系统。

与普通电子数据传输相比，EDI 具备以下 3 项特殊的含义：

### 1. 特殊的软硬件

EDI 软件由数据转换软件、数据翻译软件和数据通信软件构成。EDI 的功能软件一般由 5 个功能模块组成：用户界面模块、内部 EDP（Electronic Date Processing）接口模块、报文生产与处理模块、标准报文格式转换模块和通信模块。

### 2. 通信网络

EDI 系统对通信线路的要求比较严格，目前一般都采用专用的增值服务网络的方式，很少采用互联网等开放网络。其增值网络一般还具有附加的储存转送、记忆保管、通信协议转换、格式转换和安全管制等功能。EDI 的通信方式一般有以下几种形式：点对点通信、专用增值网络（VAN）、Internet 以及以传真为传输媒介等几种形式。

### 3. 数据标准化和结构化

需要经过 EDI 系统发送和接受的数据，必须经过数据转换软件转换成符合国际标准的数据格式，才能被不同地区、不同行业的企业所接受，并使计算机网络系统及终端用户的数据处理系统能够自动识别、处理、交换与管理。EDI 技术的数据标准主要包括以下内容：语法规则、数据结构定义、编辑规则和转换、公共文件规范、通信协议和计算机语言。

## （二）EDI 的作业方式

### 1. 批式作业 B-EDI

批式作业是 A 向 B 发送 EDI 报文时，A 向预先登记的电子信箱发送 EDI 报文。电子信箱在接收到该 EDI 报文时，把报文放在 B 方的电子信筏中。接收方可在任何时间、任何地点到信箱中检索是否有自己的报文，若有的话，则从信箱中提取报文。

批式作业的特点如下：

（1）收发双方可以自由地选择自已的时间和地点来收发 EDI 报文；

（2）信息被成批地交换，它是一个单方向的连续数据流；

（3）需要把所有报文处理完之后才能得到应答，响应时间长。

### 2. 实时作业

实时作业的特点是收发双方通过通信网络直接连接，在一次通信结束前，收发双方的通信系统一直保持联系，响应时间短，能更有效、更可靠地获取最新信息。它是因一些行业的特殊需要而产生的。这些行业开发了大量的实时应用系统来进行 EDIFACT（国际标准）或 ANSlX.l2（EDI 的国际标准）报文的交换，在线事务处理 OLTP（On-Line Transaction Processing）。

### 3. 交互式作业 (I-EDI)

交互式作业是指 EDI 系统之间的用户数据在对话方式下，以访问/应答的方式来进行交换。对于交互式 EDI、对话的控制以及相关的对话报文，都将作为服务提供给应用进程。它的特点是应答及时。I-EDI 首先由空运行业提出，目前已在国际上通用，并制定了相应的交互式 EDI 运作结构。

现以旅行社交互式 EDI 的商业模型为例，说明交互式作业的具体过程。

旅行社要求询问订票信息、账目验证、资金信用以及准备相应的航线、旅馆、汽车租用代理等，这一切活动均通过“计算机订票系统”（Computer Reservation System，CRS）来完成，如图 6-5 所示。

为了实现上述目的，CRS 要与航运、旅馆、汽车出租及银行建立交易（Transaction）的对话过程。CRS 与贸易伙伴的交易是独立的，而且均可自动处理。例如 CRS 与汽车租用交易的成功与否不影响 CRS 与旅馆系统的交易。一个参与方既可作为应答者，也可同时作为发起者。因为当它作为应答者时，往往不能立即满足发起者的要求，它必须又作为一个新的发起者向同类系统进行询问，以获得所需要的信息。

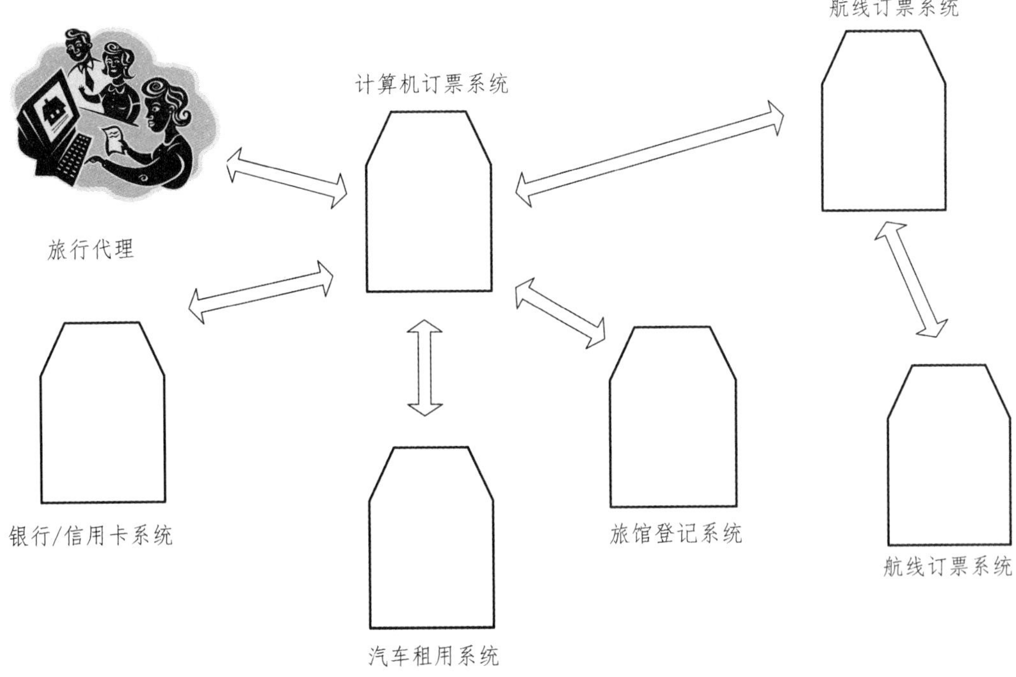

图 6-5　计算机订票系统

I-EDI 应具有的功能：① 支持两个系统应用进程间的连接和终止；② 系统间可以通信。

一个应用进程（Application Process，AP）由一个或多个应用实体（Application Entity，AE）组成，因而它能同时执行一个或者多个业务交易。

对于一个应用进程（AP）必须提供一种方式，使这个应用进程相对于其他应用进程为子交易或父交易；明确标识 AP 和应用程序接口（Application Programming Interface，API），以便区分其他 AP 和 API；一个组成部分发生错误时可通知其他组成部分；允许选择约定和重复运行。

EDI 信息模式包括：事务应用（Business Application）、消息内容（Message Content）、消息传送（Message Transport）等内容。

（1）事务应用。

事务应用可以是贸易、金融、海关、运输及各种行业的应用。

（2）消息内客。

消息内容主要包括以下部分：

① 内容映射与翻译。

内容映射与翻译是将各种事务应用转换为 EDI 标准。所采用的标准视贸易伙伴而定。

② 数据保密与安全。

数据保密与安全包括电子签名、消息证实、消息机密性、加密、解密和密钥管理等。

③ 分发和路由。

分发和路由是将消息内容加上电子邮件的信封，附上发信人和收信人的地址以及发信人时间等。在收发用户代理之间建立传送通道，按地址传送给预订的接受者。

（3）消息传送。

消息传送是在 EDI 报文准备好后，经 EDI 通信进行传送。EDI 消息传送环境具有多元化。主要有点到点和增值网两种通信方式。

① 点到点方式。

EDI 用户按约定的格式，基于现有通信标准，通过通信网络进行信息的透明传输和相应的终端处理。目前主要用于一些大型公司或少数贸易伙伴间进行直接的 EDI 报文交换。但当贸易伙伴不再是几个而是几十个甚至更多时，这种方式就不再适用。同时，它也不适宜跨国家、跨行业之间的应用。但最近发展的非集中化控制的对等结构的点到点远程通信，利用基于终端开放型网络系统的远程信息处理（Telematic）终端，用特定的应用程序将数据转换成 EDI 报文，实现国际间的报文互通。如欧洲国家，采用了智能用户电报（Teletex）方式进行端到端的 EDI 通信。

② 增值网方式。

EDI 增值网（Value Added Network，VAN）是利用现有的通信网络，增加 EDI 服务功能而实现的计算机网络。一般是增值数据业务（Value Added Date Service，VADS）公司租用信箱进行协议和报文格式的转换。此种网络建网快、经费省。但由于各种增值网的 EDI 服务功能不尽相同，对全球 EDI 通信而言，目前 EDI 报文格式有多种，系统必须支持不同标准的 EDI 报文交换。同时，由于各种网络的协议和报文格式的差异，多个应用组织之间的信息交换必须采用相应的网关和网桥，增加了网际交换的复杂性和难度。

### （三）EDI 在物流中的应用

现代物流运作具有作业环节多、信息量大的特点，物流信息的动态性和实时性非常突出。因此，企业是否具有一个功能齐备、数据精确、反应迅速的信息系统，是物流企业提高竞争能力的关键，而物流信息的收集、处理、传递与交换则需要一个高效的信息传输渠道。传统的通信工具，如电话、传真已经赶不上现代物流运作的要求，互联网信息传输虽然快速便利，但由于互联网是一个开放的网络，通过互联网直接传输的信息的安全性和合法性很难得到保证，EDI 是唯一既能够满足数据传输的快捷性要求，又能满足数据传输有效性的信息技术。

在物流运作领域，EDI 系统最初被用于企业间的订货业务，用于将订货信息在买方和卖方之间传递，后来 EDI 的应用范围日趋广泛，并向其他业务领域扩展，如 POS 销售信息传送业务、库存管理业务、配送信息和支付信息的传送业务等。物流 EDI 是指货主、承运业主以及其他相关的单位之间，通过 EDI 系统进行物流数据交换，并以此为基础实施物流作业活动的方法。物流 EDI 的参与单位有货主（生产商、贸易商、批发商、零售商等）、承运人（货代公司、第三方物流企业等）、运输企业（船公司、航空公司、铁路企业等）、其他相关组织（海关、商检、银行、仓库、报关中介等）。

#### 1. 物流企业的 EDI 应用

物流公司是连接供应商和客户之间的桥梁，它对调节产品供需、缩短流通渠道、解决不经济的流通规模和降低流通成本具有重要的作用。

如果配送中心引入 EDI 是为了传输数据，则可以低成本引入。如果希望引入 EDI 改善作业流程，可依次引入各单证，并与企业内部信息系统集成，逐步改善接单、配送、催款的作业流程。

引入出货单：对物流公司来说，出货单是客户发出的出货指示。物流公司引入 EDI 后可以与自己的拣货系统集成生成拣货单，以加快内部作业速度，缩短配货时间；在出货完成后，可将出货结果用 EDI 通知客户，使客户及时知道出货情况，也可尽快处理缺货情况。

引入催款对账单：对于每月的出货配送业务，物流公司可引入 EDI 催款对账单，同时开发对账系统，并与出货配送系统集成生成对账单，从而减轻财务部门每月的对账工作量，降低对账的错误率，节省业务部门的催款人力。

除数据传输及改善作业流程外，企业可以以 EDI 为工具进行企业再造。

**2. 制造商的 EDI 应用**

制造商与其交易伙伴间的商业行为大致可分为接单、出货、催款及收款作业，其间往来的单据包括采购进货单、出货单、催款对账单及付款凭证等。

企业引入 EDI 是为了数据传输时，可选择低成本的方式，引入采购进货单，接收客户传来订购单报文，并将其转换成企业内部的订单形式。其优点如下：

（1）不需为配合不同供应商而使用不同的电子订货系统。

（2）不需重新输入订单数据，能节省人力和时间，同时减少人为错误。

如果企业应用 EDI 的目的是改善作业，可以同客户合作，依次引入采购进货单、出货单及催款对账单，并与企业内部的信息系统集成，逐渐改善接单、出货、对账及收款作业。

引入采购进货单：采购进货单是整个流程的开始，接到 EDI 订单就不需要重新输入，从而节省订单输入人力，同时保证了数据的正确性；开发核查程序，核查收到订单是否与客户的交易条件相符，从而节省核查订单的人力，同时降低核查的错误率；与库存系统、拣货系统集成，自动生成拣货单，加快拣货与出货速度，提高服务质量。

引入出货单：在出货前事先用 EDI 发送出货单，通知客户出货的货品及数量，以便客户事先打印验货单并安排仓位，从而加快验收速度，节省双方交货、收货的时间。出货单也可供客户与内部订购数据进行比较，缩短客户验收后人工确认计算机数据的时间，减低日后对账的困难；客户可用出货单验货，使出货单成为日后双方催款对账的凭证。

引入催款对账单：引入催款对账单，开发对账系统，并与出货系统集成，从而减轻财务部门每月对账的工作量，降低对账错误率以及业务部门催款的人力和时间。

引入转账系统：实现了与客户的对账系统后，可考虑引入与银行的转账系统，由银行直接接收 EDI 汇款再转入制造商的账户内，以加快收款作业，提高资金运用的效率。转账系统与对账系统、会计系统集成后，除实现自动转账外，还可将后续的会计作业自动化，节省人力。

企业为改善作业流程而引入 EDI 时，必须有相关业务主管的参与，才可能获得成功。例如，对制造商来说，退货处理非常麻烦，退货原因可能是因商品瑕疵或商品下架。对有瑕疵的商品，退货只会增加处理成本；对下架商品，如果处理及时，还有机会再次销售。因此，引入 EDI 退货单并与客户重新拟定退货策略，对双方都有好处。

**3. 批发商的 EDI 应用**

批发商因其交易特性，其相关业务包括向客户提供产品以及向厂商采购商品。批发商如果是为了数据传输而引入 EDI，可选择低成本的方式。可根据交易对象的性质，决定是否引入 EDI 采购进货单。

若是厂商，可引入 EDI 采购进货单的传送，将采购进货单转换成报文传给供应商。其优点是：不需要为配合不同厂商而使用不同的电子订货系统；方便厂商提早收到订单，及时处理，加快送货速度。

若是客户，可用于采购进货单的接收，接收客户传送过来的采购进货单报文，将其转换成企业内部用的订单。其优点如下：

（1）不需要为配合不同的客户而使用不同的电子订货系统。

（2）不需重新输入订单数据，节省人力和时间，同时降低人为错误。

（3）若为改善作业流程而引入，可逐步引入各项单证，并与企业内部信息系统集成，逐步改善接单、出货、催款的作业流程，或订购、验收、对账、付款的作业流程。

（4）对旨在改善订购、验收、对账、付款流程的企业来说，可依次引入采购进货单、验收单、催款对账单及付款明细表，并与企业内部的订购、验收、对账及转账系统集成，其做法与零售商类似。

（5）对旨在改善接单、出货、催款流程的企业来说，可依次引入采购进货单、出货单及催款对账单，并与企业内部的接单、出货及催款系统集成。其做法与制造商的做法类似。

**4．运输商的 EDI 应用**

运输商以其强大的运输工具和遍布各地的营业点在流通业中扮演了重要的角色。图 6-6 为运输商的交易流程。

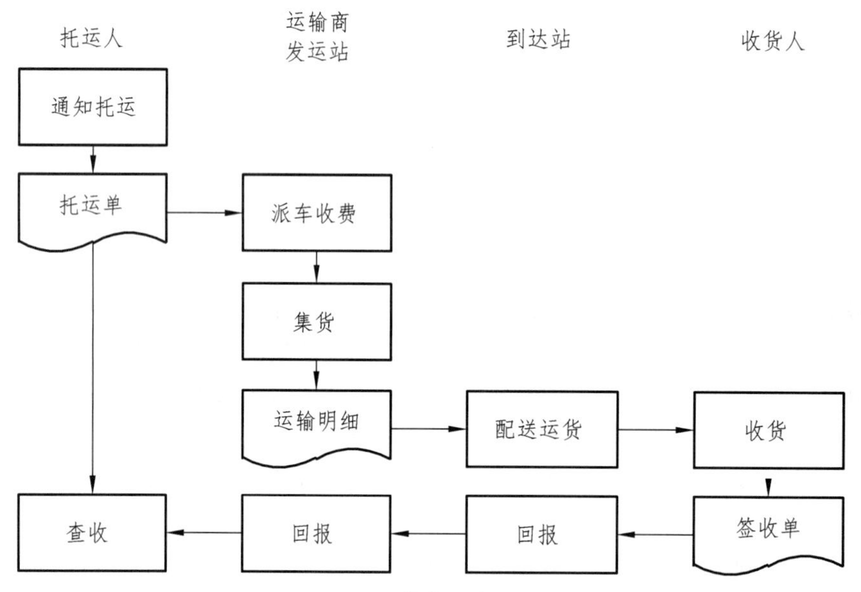


图 6-6　运输商的交易过程

企业若为数据传输而引入 EDI，则可选择低成本方式，先引入托运单，接收托运人传来的托运单报文，将其转换成企业内部的托运单格式。其优点如下：

（1）事先得知托运货物的详情，包括箱数、重量等，以便调配车辆。

（2）不需重新输入托运单数据，节省人力和时间，减少人为错误。

（3）若引入是为改善作业流程，可逐步引入各项单证，且由企业内部信息系统集成，逐步改善托运、收货、送货、回报、对账、收款等作业流程。

① 托运收货作业：事先得知托运货物的详情，可调配车辆前往收货。托运人传来的 EDI 托运数据可与发送系统集成，自动生成发送明细单。

② 送货回报作业：托运数据可与送货的回报作业集成，将送货结果及早回报给托运人，提高客户服务质量。此外，对已完成送货的交易，也可回报运费，供客户提早核对。

③ 对账作业：可用回报作业通知每笔托运交易的运费，同时运用 EDI 催款对账单向客户催款。

④ 收款作业：对托运量大且频繁的托运客户，可与其建立 EDI 转账作业，通过银行进行转账。

## 第三节　物流信息应用技术

### 一、全球定位系统

#### （一）GPS 的定义和特点

GPS 是英文 Global Positioning System（全球定位系统）的简称。利用 GPS 定位卫星，在全球范围内实时进行定位、导航的系统，被称为全球卫星定位系统，简称 GPS。GPS 起始于 1958 年美国军方的一个项目，1964 年投入使用。20 世纪 70 年代，美国陆海空三军联合研制了新一代卫星定位系统 GPS，主要目的是为陆海空三大领域提供实时、全天候和全球性的导航服务，并用于情报收集、核爆监测和应急通信等一些军事目的。经过 20 余年的研究实验，耗资 300 亿美元。到 1994 年，全球覆盖率高达 98%的 24 颗 GPS 卫星星座已布设完成。

与其他定位和导航技术相比，GPS 技术具有以下特点：

**1. 定位精度高**

应用实践已经证明，GPS 相对定位精度在 50 km 以内可达 10-6，100 ~ 500 km 可达 10-7，1 000 km 可达 10-9。在 300 ~ 1 500 m 工程精密定位中，1 小时以上观测的平面位置误差小于 1 mm，与 ME-5000 电磁波测距仪测定的边长比较，其边长校差最大为 0.5 mm，校差中误差为 0.3 mm。

**2. 观测时间短**

随着 GPS 系统的不断完善，软件的不断更新，目前，20 km 以内相对静态定位，仅需 15 ~ 20 分钟；快速静态相对定位测量时，当每个流动站与基准站相距在 15 km 以内时，流动站观测时间只需 1 ~ 2 分钟，可随时定位，每站观测只需几秒钟。

**3. 测站间无须通视**

GPS 测量不要求测站之间互相通视，只需测站上空开阔即可，因此可节省大量的造标费用。由于无须点间通视，点位位置根据需要，可稀可密，选点工作甚为灵活，也可省去经典大地网中的传算点、过渡点的测量工作。

4. 可提供三维坐标

经典大地测量将平面与高程采用不同的方法分别施测。GPS 可同时精确测定测站点的三维坐标。目前，GPS 水准可满足四等水准测量的精度。

5. 操作简便

随着 GPS 接收机的不断改进，自动化程度越来越高，有的已达“傻瓜化”的程度。接收机的体积越来越小，重量越来越轻，极大地减轻了测量工作者的工作紧张程度和劳动强度。

6. 全天候作业

目前，GPS 观测可在一天 24 小时内的任何时间进行，不受阴天黑夜、起雾刮风、下雨下雪等气候的影响。

7. 功能多、应用广

GPS 系统不仅可用于测量、导航，还可用于测速、测时。测速的精度可达 0.1 m/s，测时的精度可达几十毫微秒，其应用领域不断扩大。最初，设计 GPS 系统的主要目的是导航，收集情报等。但是后来的应用开发表明，GPS 系统不仅能够达到上述目的，而且用 GPS 卫星发来的导航定位信号能够进行厘米级甚至毫米级精度的静态相对定位，米级至亚米级精度的动态定位，亚米级至厘米级精度的速度测量和毫微秒级精度的时间测量。因此，GPS 系统展现了极其广阔的应用前景。

GPS 最初就是为军方提供精确定位而建立的，至今它仍然由美国军方控制。军用 GPS 产品主要用来确定并跟踪在野外行进中的士兵和装备的坐标，为海中的军舰导航，为军用飞机提供位置和导航信息等。

目前，GPS 系统的应用已十分广泛。我们可以应用 GPS 信号进行海、空和陆地的导航、导弹的制导，大地测量和工程测量的精密定位，时间的传递和速度的测量等。对于测绘领域，GPS 卫星定位技术已经用于建立高精度的全国性的大地测量控制网，测定全球性的地球动态参数；用于建立陆地海洋大地测量基准，进行高精度的海岛陆地联测以及海洋测绘；用于监测地球板块运动状态和地壳形变；用于工程测量，成为建立城市与工程控制网的主要手段；用于测定航空航天摄影瞬间的相机位置，实现仅有少量地面控制或无地面控制的航测快速成图，引发地理信息系统、全球环境遥感监测的技术革命。

许多商业和政府机构也使用 GPS 设备来跟踪他们的车辆位置，这一般需要借助无线通信技术。一些 GPS 接收器集成了收音机、无线电话和移动数据终端来适应车队管理的需要。

（二）GPS 的组成部分

GPS 主要由空间部分、地面控制部分和用户设备部分组成（见图 6-7）。

1. 空间部分

GPS 的空间部分是由 24 颗工作卫星组成的，它位于距地表 20 200 km 的上空，均匀分布在 6 个轨道面上（每个轨道面 4 颗），轨道倾角为 55°。此外，还有 4 颗有源备份卫星在轨道运行。卫星的分布使在全球任何地方、任何时间都可观测到 4 颗以上的卫星，并能保持良好定位解算精度的几何图像。这就提供了在时间上连续的全球导航能力。GPS 卫星产生两组电码，一组称为 C/A 码（Coarse/Acquisition Code，11 023 MHz），另一组称为 P 码（Procise Code

10 123 MHz）。P 码因频率较高，不易受干扰，定位精度高，因此受美国军方管制并设有密码，一般民间无法解读，主要为美国军方服务。C/A 码由人为采取措施而刻意降低精度后，主要开放给民间使用。

### 2. 地面控制部分

地面控制部分由 1 个主控站、5 个全球监测站和 3 个地面控制站组成。监测站均配装有精密的铯钟和能够连续测量到所有可见卫星的接收机。监测站将取得的卫星观测数据，包括电离层和气象数据，经过初步处理后，传送到主控站。主控站从各监测站收集跟踪数据，计算出卫星的轨道和时钟参数，然后将结果送到 3 个地面控制站。地面控制站在每颗卫星运行至上空时，把这些导航数据及主控站指令注入卫星。对每颗 GPS 卫星而言，这种注入每天一次，并在卫星离开注入站作用范围之前进行最后的注入。如果某地面站发生故障，那么在卫星中预存的导航信息还可用一段时间，但导航精度会逐渐降低。

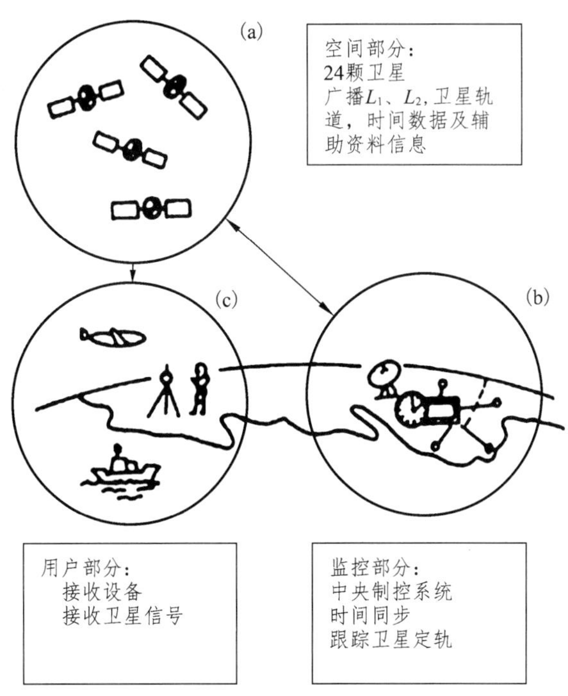


图 6-7　GPS 系统结构

### 3. 用户设备部分

用户设备部分即 GPS 信号接收机，其主要功能是能够捕获到按一定卫星截止角所选择的待测卫星，并跟踪这些卫星的运行。当接收机捕获到跟踪的卫星信号后，即可测量出接收天线至卫星的伪距离和距离的变化率，解调出卫星轨道参数等数据。根据这些数据，接收机中的微处理计算机就可按定位解算方法进行定位计算，计算出用户所在地理位置的经纬度、高度、速度、时间等信息。接收机硬件和机内软件以及 GPS 数据的后处理软件包构成完整的 GPS 用户设备，GPS 接收机的结构分为天线单元和接收单元两部分。接收机一般采用机内和机外两种直流电源。设置机内电源的目的在于更换外电源时不中断连续观测。用机外电源时，机内电池自动充电。关机后，机内电池为 RAM 存储器供电，以防止数据丢失。目前，各种类型的接收机的体积越来越小，重量越来越轻，便于野外观测使用。

（三）GPS 接收机的分类

**1．按接收机的用途分类**

（1）导航型接收机。

此类型的接收机主要用于运动载体的导航，它可以实时给出载体的位置和速度。这类接收机一般采用 C/A 码伪距测量，单点实时定位精度较低，一般为 ± 25 mm，有 SA 影响时为 ± 100 mm。这类接收机价格便宜，应用广泛。根据应用领域的不同，此类接收机还可以进一步分为：① 车载型 ——用于车辆导航定位。② 航海型 ——用于船舶导航定位。③ 航空型 ——用于飞机导航定位。由于飞机运行速度快，因此，在航空上用的接收机要求能适应高速运行。④ 星载型 ——用于卫星的导航定位。由于卫星的速度高达 7 km/s 以上，因此对接收机的要求更高。

（2）测地型接收机。

测地型接收机主要用于精密大地测量和精密工程测量。这类仪器主要采用载波相位观测值进行相对定位，定位精度高。仪器结构复杂，价格较贵。

（3）授时型接收机。

这类接收机主要利用 GPS 卫星提供的高精度时间标准进行授时，常用于天文台及无线电通信中的时间同步。

**2．按接收机的载波频率分类**

（1）单频接收机。

单频接收机只能接收 L1 载波信号，测定载波相位观测值进行定位。由于不能有效消除电离层延迟的影响，单频接收机只适用于短基线（<15 km）的精密定位。

（2）双频接收机。

双频接收机可以同时接收 L1、L2 载波信号。利用双频对电离层延迟的不一样，可以消除电离层对电磁波信号延迟的影响，因此双频接收机可用于长达几千千米的精密定位。

**3．按接收机通道数分类**

GPS 接收机能同时接收多颗 GPS 卫星的信号，为了分离接收到的不同卫星的信号，以实现对卫星信号的跟踪、处理和量测，具有这种功能的器件被称为天线信号通道。根据接收机所具有的通道，有以下分类：

（1）多通道接收机；

（2）序贯通道接收机；

（3）多路多用通道接收机。

**4．按接收机工作原理分类**

（1）码相关型接收机。

码相关型接收机利用码相关技术得到伪距观测值。

（2）平方型接收机。

平方型接收机利用载波信号的平方技术去掉调制信号，来恢复完整的载波信号。通过相位计测定接收机内产生的载波信号与接收到的载波信号之间的相位差，测定伪距观测值。

（3）混合型接收机。

这种仪器是综合上述两种接收机的优点，既可以得到码相位伪距，也可以得到载波相位观测值。

（4）干涉型接收机。

这种接收机是将 GPS 卫星作为射电源，采用干涉测量方法，测定两个测站间的距离。静态定位中，GPS 接收机在捕获和跟踪 GPS 卫星的过程中固定不变，接收机高精度地测量 GPS 信号的传播时间，利用 GPS 卫星在轨的已知位置，解算出接收机天线所在位置的三维坐标。而动态定位则是用 GPS 接收机测定一个运动物体的运行轨迹。GPS 信号接收机所位于的运动物体叫作载（如航行中的船舰、空中的飞机、行走的车辆等）。

最常用的 GPS 接收器有如下两种：

① 汽车导航仪。

计算机和通信的发展使人们的生活更加快捷，汽车导航和移动办公已风靡全球，并逐渐成为现代社会中不可缺少的部分。在日本、美国等国家，为了方便用户，很多汽车制造商在车辆出厂时就装配了导航和移动办公设备。在我国，类似产品的研制工作刚刚起步。汽车导航仪是集计算机、通信导航、地图信息于一体的高科技产品，通常它都具备笔记本 PC 的基本功能，可以方便地驳接网络、发送传真和数据通信，并且内置 GPS 接收器，提供 GPS 天线接口。装载定位导航软件，利用接收到的 GPS 卫星信号为车辆提供全天候、全时域位置信息，并可以在屏幕上显示车辆当时的运行情况。用户可以预先自定义行进路线、路旁标记和航路点，保存预先设定的路线或已走过的路线，以便再次查询。通过查询电子地图，用户能了解某地区的地理环境和交通状况，增加对未来旅途的预测。如发现了一些原地图中没有的道路，可以通过“记录新路”来更新地图。

② GPS 手持机。

GPS 手持机是利用 GPS 基本原理设计而成的，体积小巧、携带方便、独立使用的全天候实时定位导航设备。好的手持机必备的条件：灵敏度高、存贮量大、外部接口齐全。GPS 手持机按用途可分为陆用型、空用型、海用型。陆用型 GPS 手持机一般没有内置地图，主要利用航路点记录，选择相应航路点可自动生成路线。内置天线，所以机型小巧。它是应用得最广的一种 GPS 设备。空用型 GPS 手持机提供全球空域图和地域图，灵敏度极高，适用于在高速行进的飞机中定位。海用型 GPS 手持机内置全球海图，超大屏幕，提供可固定在船体上的配套支架和天线。

### （四）网络 GPS

#### 1. 网络 GPS 的概念

网络 GPS 是把 Internet 技术与 GPS 技术相结合，将 GPS 定位信息通过互联网进行传递。在用户界面上显示 GPS 动态跟踪信息，以实现实时监控、动态调度功能的一种新的应用方式。网络 GPS 综合了 Internet 和 GPS 的优势和特色，取长补短，它解决了原来使用 GPS 所无法克服的障碍：首先，其可降低投资费用。网络 GPS 免除了物流运输公司自身设置监控中心的大量费用，其不仅包括各种硬件配置，还包括各种管理软件。其次，网络 GPS 一方面利用互联网实现无地域限制的跟踪信息显示，另一方面又可通过设置不同权限做到信息保密。网络

GPS 的特点如下：

（1）功能多、精度高、覆盖面广，在全球任何位置均可进行车辆的位置监控工作，充分使所有网络 GPS 用户的要求都能够得到满足。

（2）定位速度快，有力保障了物流运输企业能够在业务运作上提高反应速度，降低车辆空驶率，降低运作成本，满足客户需要。

（3）信息传输采用 GSM 公用数字移动通信网，具有保密性高、系统容量大、抗干扰能力强、漫游性能好、移动业务数据可靠等优点。

（4）构筑在国际互联网这一最大的网上公共平台上，具有开放度高、资源共享程度高等优点。

网络 GPS 技术的工作流程：车载 GPS 接收机在接收到 GPS 卫星定位数据后，自动计算出自身所处地理位置的坐标，经 GSM 通信机发送到 GSM 公用数字移动通信网，并通过与物流信息系统连接的 DDN 专线将数据送到物流信息系统监控平台上，中心处理器将收到的坐标数据及其他数据还原后，与 GIS 系统的电子地图相匹配，并在电子地图上直观地显示车辆实时坐标的准确位置。各网络 GPS 用户可用自己的权限上网进行自有车辆信息的收发、查询等工作，在电子地图上清楚而直观地掌握车辆的动态信息（位置、状态、行驶速度等），同时还可以在车辆遇险或出现意外事故时进行必要的监控操作。

**2. 网络 GPS 系统的功能**

（1）实时监控功能。

在任意时刻通过发出指令查询运输工具所在的地理位置（经度、纬度、速度等信息），并在电子地图上直观地显示出来。

（2）双向通信功能。

网络 GPS 的用户可使用 GSM 的话音功能与驾驶人员进行通话，或使用本系统安装在运输工具上的移动设备的汉字液晶显示终端进行汉字消息收发对话。

驾驶人员通过按下相应的服务、动作键，将该信息反馈到网络 GPS。质量监督员可在网络 GPS 工作站的显示屏上确认其工作的正确性，了解并控制整个运输作业的准确性（发车时间、到货时间、卸货时间、返回时间等）。

（3）动态调度功能。

调度人员能在任意时刻通过调度中心发出文字调度指令，并得到确认信息。

可进行运输工具待命计划管理。操作人员通过在途信息的反馈，在运输工具未返回车队前即做好待命计划，提前下达运输任务，减少等待时间，加快运输工具的周转速度。

（4）运能管理。

将运输工具的运能信息、维修记录信息、运行状况登记、驾驶人员信息、运输工具的在途信息等多种信息提供调度部门决策，以提高重车率，尽量减少空车时间和空车距离，充分利用运输工具的运输能力。

（5）数据存储、分析功能。

实现路线规划及路线优化。事先规划车辆的运行路线、运行区域，并将该信息记录在数据库中，以备以后查询、分析使用。

（6）可靠性分析。

汇报运输工具的运行状态，了解运输工具是否需要大修，预先做好修理计划，计算运输工具平均天差错时间，动态衡量该型号车辆的性能价格比。

（7）服务质量跟踪。

在中心设立服务器，让有该权限的用户能异地方便地获取车辆的有关信息（运行状况、在途信息、运能信息、位置信息等用户关心的信息）。同时，还可对客户索取的位置信息用相对应的地图传送过去，并将运输工具的历史轨迹印在上面，使该信息更加形象。

依据资料库储存的信息，可随时调阅每台运输工具以前的工作资料，并根据各管理部门的不同要求制作各种不同形式的报表，使各管理部门能更快速、更准确地做出判断和提出新的指示。

网络 GPS 的出现，无论是对 GPS 供应商还是对物流运输企业来讲，都是一个真正的好消息。因为它直接导致的是投资费用的降低与信息显现的无地域性限制，最终的结果是 GPS 门槛的降低及普及率的提高，从而使更多的物流企业从中受益。

## 二、地理信息系统

### （一）GIS 的基本概念

地理信息系统既是管理和分析空间数据的应用工程技术，又是跨越地球科学、信息科学和空间科学的应用基础学科。其技术系统由计算机硬件、软件和相关的方法过程组成，用以支持空间数据的采集、管理、处理、分析、建模和显示，以便解决复杂的规划和管理问题。

地理信息系统处理、管理的对象是多种地理空间实体数据及其关系，包括空间定位数据、图形数据、遥感图像数据、属性数据等，用于分析、处理在一定地理区域内分布的各种现象和过程，解决复杂的规划、决策和管理问题。

通过上述分析和定义可提出 GIS 的基本概念。

（1）GIS 的物理外壳是计算机化的技术系统，它又由若干个相互关联的子系统构成，如数据采集子系统、数据管理子系统、数据处理和分析子系统、图像处理子系统、数据产品输出子系统等。这些子系统的优劣、结构直接影响 GIS 的硬件平台、功能、效率、数据处理的方式和产品输出的类型。

（2）GIS 的操作对象是空间数据和属性数据，即点、线、面、体这类有三维要素的地理实体。空间数据的最根本特点是，每一个数据都按统一的地理坐标进行编码，实现对其定位、定性和定量的描述，这是 GIS 区别于其他信息系统的根本标志，也是其技术难点之所在。

（3）GIS 的技术优势在于它的数据综合、模拟与分析评价能力，可以得到常规方法或普通信息系统难以得到的重要信息，实现地理空间过程演化的模拟和预测。

（4）GIS 与测绘学和地理学有着密切的关系。大地测量、工程测量、矿山测量、地籍测量、航空摄影测量和遥感技术为 GIS 中的空间实体提供各种不同比例尺和精度的定位数。电子速测仪、GPS 全球定位技术、解析或数字摄影测量工作站、遥感图像处理系统等现代测绘技术的使用，可直接、快速和自动地获取空间目标的数字信息产品，为 GIS 提供丰富和更为实时的信息源，并促使 GIS 向更高层次发展。地理学是 GIS 的理论依托，有学者断言，地理信息系统和信息地理学是地理科学第二次革命的主要工具和手段。如果说 GIS 的兴起和发展是地理科学信息革命的一把钥匙，那么，信息地理学的兴起和发展将是打开地理科学信息革命的一扇大门，必将为地理科学的发展和提高开辟一个崭新的天地。GIS 被誉为地学的第三代语言——用数字形式来描述空间实体。

GIS 按研究的范围大小可分为全球性的、区域性的和局部性的；按研究内容的不同可分为综合性的与专题性的。同级的各种专业应用系统集中起来，可以构成相应地域同级的区域综合系统。在规划、建立应用系统时，应统一规划这两种系统的发展，以减小重复浪费，提高数据共享程度和实用性。

### （二）地理信息系统的组成

完整的 GIS 主要由四个部分构成，即计算机硬件系统、计算机软件系统、地理空间数据、系统管理、开发和人员，其核心部分是计算机软硬系统。空间数据库反映了 GIS 的地理内容，而管理人员和用户则决定了系统的工作方式和信息表示方式。

#### 1. 计算机硬件系统

计算机硬件是计算机系统中的实际物理装置的总称，可以是电子的、电的、磁的、机械的、光的元件或装置，是 GIS 的物理外壳，系统的规模、精度、速度、功能、形式、使用方法甚至软件都与硬件有极大的关系，受硬件指标的支持或制约。由于 GIS 任务的复杂性和特殊性，所以必须由计算机设备支持。GIS 硬件配置一般包括以下四个部分：

（1）计算机主机。

（2）数据输入设备：数字化仪、图像扫描仪、手写笔、光笔、键盘、通信端口等。

（3）数据存储设备：光盘刻录机、磁带机、光盘塔、活动硬盘、磁盘阵列等。

（4）数据输出设备：笔式绘图仪、喷墨绘图仪（打印机）、激光打印机等。

#### 2. 计算机软件系统

计算机软件系统指 GIS 运行所必需的各种程序，通常包括以下两类。

（1）计算机系统软件。

计算机系统软件指由计算机厂家提供的、为用户开发和使用计算机提供方便的程序系统，通常包括操作系统、汇编程序、编译程序、诊断程序、库程序以及各种维护使用手册、程序说明等，是 GIS 日常工作所必需的。

（2）地理信息系统软件和其他支撑软件。

地理信息系统软件和其他支撑软件可以是通用的 GIS 软件，也可包括数据库管理软件、计算机图形软件包、CAD、图像处理软件等。

GIS 软件按功能可分为以下几类：

① 数据输入。

将系统外部的原始数据（多种来源、多种形式的信息）传输给系统内部，并将这些数据从外部格式转换为便于系统处理的内部格式的过程。如将各种已存在的地图、遥感图像数字化，或者通过通信或读磁盘、磁带的方式录入遥感数据和其他系统已存在的数据，还包括以适当的方式录入各种统计数据、野外调查数据和仪器记录的数据。

数据输入方式与使用的设备密切相关，常有三种形式：A.手扶跟踪数字化仪的矢量跟踪数字化。它是通过人工选点或跟踪线段进行数字化，主要输入有关图形点、线、面的位置坐标。B.扫描数字化仪的光栅扫描数字化，主要输入有关图像的网格数据。C.键盘输入，主要输入有关图像、图形的属性数据（即代码、符号）。在属性数据输入之前，须对其进行编码。

② 数据存储与管理。

数据存储和数据库管理涉及地理元素（表示地表物体的点、线、面）的位置、连接关系及属性数据如何构造和组织等。用于组织数据库的计算机系统称为数据库管理系统（DBMS）。空间数据库的操作包括数据格式的选择和转换，数据的连接、查询、提取等。

③ 数据分析与处理。

数据分析与处理指对单幅或多幅图件及其属性数据进行分析运算和指标量测。在这种操作中，以一幅或多幅图作为输入，而分析计算结果则以一幅或多幅新生成的图件表示，在空间定位上仍与输入的图件一致，故可称函数转换。空间函数转换可分为基于点或象元的空间函数，如基于象元的算术运算、逻辑运算或聚类分析等；基于区域、图斑或图例单位的空间函数，如叠加分类、区域形状量测等；基于邻域的空间函数，如象元连通性、扩散、最短路径搜索等。量测包括对面积、长度、体积、空间方位、空间变化等指标的计算。函数转换还包括错误改正、格式变性和预处理。

④ 数据输出与表示模块。

输出与表示是指将地理信息系统内的原始数据或经过系统分析、转换、重新组织的数据以某种用户可以理解的方式提交给用户，如以地图、表格、数字或曲线的形式表示于某种介质上，或采用 CRT（Cathode Ray Tub）显示器、胶片拷贝、点阵打印机、笔式绘图仪等输出，也可以将结果数据记录于磁存贮介质设备或通过通信线路传输给用户的其他计算机系统。

⑤ 用户接口模块。

该模块用于接收用户的指令、程序或数据，是用户和系统交互的工具，主要包括用户界面、程序接口与数据接口。系统通过菜单方式或解释命令方式接收用户的输入。由于地理信息系统功能复杂，且用户往往又为非计算机专业人员，用户界面是地理信息系统应用的重要组成部分，它通过菜单技术、用户询问语言的设置，采用人工智能的自然语言处理技术与图形界面等技术，提供多窗口和鼠标选择菜单等控制功能，为用户发出操作指令提供方便。该模块还随时向用户提供系统运行信息和系统操作帮助信息，这就使地理信息系统成为人机交互的开放式系统。

⑥ 应用分析程序。

应用分析程序是系统开发人员或用户根据地理专题或区域分析模型编制的用于某种特定应用任务的程序，是系统功能的扩充与延伸。在优秀的 GIS 工具支持下，应用程序的开发是透明的和动态的，与系统的物理存贮结构无关，而随着系统应用水平的提高而不断优化和扩充。应用程序作用于地理专题数据或区域数据，构成 GIS 的具体内容。这是用户最为关心的真正用于地理分析的部分，也是从空间数据中提取地理信息的关键。用户进行系统开发的大部分工作是开发应用程序，而应用程序的水平在很大程度上又决定了系统的实用性、优劣和成败。

**3. 地理空间数据**

地理空间数据是指以地球表面空间位置为参照的自然、社会和人文景观数据，可以是图形、图像、文字、表格和数字等，由系统的建立者通过数字化仪、扫描仪、键盘、磁带机或其他通信系统输入 GIS，是系统程序作用的对象，是 GIS 所表达的现实世界经过模型抽象的实质性内容。不同用途的 GIS 的地理空间数据的种类、精度都是不同的，但基本上都包括以下三种互相联系的数据类型：

（1）某个已知坐标系中的位置。

某个已知坐标系中的位置即几何坐标，主要指标识地理实体在某个已知坐标系（如大地坐标系、直角坐标系、极坐标系、自定义坐标系）中的空间位置，可以是经纬度、平面直角坐标、极坐标，也可以是矩阵的行、列数等。

（2）实体间的空间相关性。

实体间的空间相关性即拓扑关系，表示点、线、面实体之间的空间联系，如网络结点与网络线之间的枢纽关系、边界线与面实体间的构成关系、面实体与岛或内部点的包含关系等。空间拓扑关系对于地理空间数据的编码、录入、格式转换、存储管理、查询检索和模型分析都有重要意义，是地理信息系统的特色之一。

（3）与几何位置无关的属性。

与几何位置无关的属性即常说的非几何属性或简称属性（Attribute），是与地理实体相联系的地理变量或地理意义。属性分为定性和定量两种，前者包括名称、类型、特性等，后者包括数量和等级。定性描述的属性如岩石类型、土壤种类、土地利用类型、行政区划等，定量的属性如面积、长度、土地等级、人口数量、降雨量、河流长度、水土流失量等。非几何属性一般是经过抽象的概念，是通过分类、命名、量算、统计得到的。任何地理实体至少有一个属性，而地理信息系统的分析、检索和表示主要是通过属性的操作运算实现的。因此，属性的分类系统、量算指标对系统的功能有较大的影响。

地理信息系统特殊的空间数据模型决定了地理信息系统特殊的空间数据结构和特殊的数据编码，也决定了地理信息系统具有特色的空间数据管理方法和系统空间数据分析功能，成为地理学研究和资源管理的重要工具。

**4. 系统开发、管理和使用人员**

人是GIS中的重要构成因素。地理信息系统从其设计、建立、运行到维护的整个生命周期，处处都离不开人的作用。仅有系统软硬件和数据还构不成完整的地理信息系统，需要人进行系统组织、管理、维护和数据更新、系统扩充完善、应用程序开发，并灵活采用地理分析模型提取多种信息，为研究和决策服务。

（三）GIS在物流领域中的应用

GIS在物流方面的应用主要体现在以下几个方面：

**1. 车辆定位、实时监督、车辆跟踪功能**

GPS技术的应用能够实现实时快速的定位，这对于现代物流的高效率管理来说是非常核心和关键的，能够方便地实现总部对于车辆运输情况的实时监控，随时了解最新的情况；结合GIS技术，可以利用网络分析和路径分析等功能，科学快速地预先设定运输的最佳路径，当利用GPS信号反馈回来的汽车运行路径偏离原定路线的时候，就可以发出系统警告，以便决策层针对实际情况做出快速反应。

**2. GPS导航功能**

GPS在车辆导航方面的技术已经逐渐成熟，主要是结合GIS技术，利用车载GPS

接收机获取车辆位置信息，使用车载电子地图进行图上定位等。在现代物流信息系统的城市配送子系统中，这种技术有非常高的实用价值，能很好地解决物流配送效率不高这一瓶颈。

**3. 轨迹回放功能**

这也是 GIS 和 GPS 相结合的产物，也可以作为车辆跟踪功能的一个重要补充。

## 三、物流信息管理系统

物流信息管理系统也称物流信息系统（Logistics Information System，LIS）。将物流和信息结合成一个有机的系统，用各种方式选择收集输入物流计划的、业务的、统计的各种有关数据，经过有针对性、有目的的计算机处理，即根据管理工作的要求，采用特定的计算机技术，对原始数据处理后输出对管理工作有用信息的一种系统。物流信息管理系统的总体设计目标是通过建立完善、高效、可靠的物流信息系统，为物流企业提供良好的信息环境。系统采用分层模块化的设计方法，各个模块可以根据客户的要求分拆和组合，从而构成满足客户个性化需求的量身定做的系统，达到以最小的投资实现信息系统的最大功能。物流信息化是现代物流的重要特征；物流信息技术是支撑物流活动、提高效率和快速反应能力的基础；物流信息管理系统是现代物流的基础和灵魂。物流信息系统的主要功能是进行物流信息的收集、存储、传输、加工整理、维护和输出，为物流管理者及其他组织管理人员提供战略及运作决策支持，以达到组织的战略竞优，提高物流运作的效率与效益。

### （一）物流信息管理系统要解决的问题

（1）缩短从接受订货到发货的时间间隔；
（2）库存适量化；
（3）提高搬运作业效率；
（4）提高运输效率；
（5）使接受订货和发出订货更为省力；
（6）提高接受订货和发出订货精度；
（7）防止发货、配货出现差错；
（8）调整需求和供给。

### （二）物流信息管理系统的种类

（1）电子数据处理系统；
（2）物流信息管理系统；
（3）办公自动化系统；
（4）决策支持系统；
（5）电子数据交换和电子商务系统；
（6）其他系统。

### （三）常见的物流信息管理系统

#### 1．电子自动订货系统（EOS）

EOS 是指企业间利用通信网络（VAN 或互联网）和终端设备以在线联结方式（on-Line）进行订货作业和订货信息交换的系统。EOS 按应用范围，可分为企业内的 EOS 系统（如连锁经营中各个连锁分店与总部之间建立的 EOS 系统）、零售商与批发商之间的 EOS 系统以及零售商、批发商和生产商之间的 EOS 系统。EOS 系统能及时准确地交换订货信息，它在企业管理中的作用如下：

（1）对于传统的订货方式，如订货、邮寄订货、电话订货、传真订货等，EOS 可以缩短从接到订单到发出订货的时间，缩短订货商品的交货期，减小商品订单的差错率，节省人工费用。

（2）有利于减少企业的库存水平，提高企业的库存管理效率，同时也能防止商品特别是畅销商品缺货现象的出现。

（3）对于生产厂家和批发商来说，通过分析零售商的商品订货信息，能准确判断畅销商品和滞销商品，有利于企业调整商品生产和销售计划。

（4）有利于提高企业物流系统的效率，使各个业务信息子系统之间的数据交换更加便利迅捷，从而丰富企业的经营信息。

#### 2．WMS

仓储管理信息系统（Warehouse Management System，WMS），是用于管理仓库中货物、空间资源、人力资源、设备资源等在仓库中的活动，对货物的进货、检验、上架、出货、转仓、转储、盘点及其他库内作业进行管理的系统。

WMS 的业务组成如图 6-8 所示。

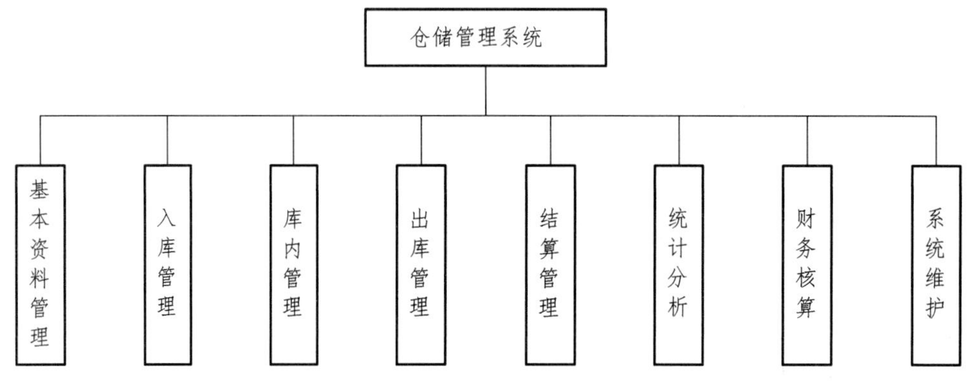


图 6-8　WMS 系统业务组成

（1）入库流程。

首先由客户发来入库通知单。入库通知单主要包括：客户，入库时间，入库货位号，入库产品的品种、质量、数量（件数、重量）和金额，检验员、申请人和成品库库房主管签字等。

根据入库通知单，待检验员对货物检验签字后，由库房人员核实入库数量登记，库房主管签字。货物上架确认后，生成入库单。

（2）出库流程。

出库流程包括根据客户出货计划、核对出库凭证、备货、复核等环节。货物出库的方式主要有三种：① 客户自提，指客户自己派人或派车来公司的库房来提货。② 委托发货，指委托第三方物流运输公司提供送货服务。③ 公司送货，指仓储企业派自己的货车给客户送货。

无论采用哪种出货方式都要填写出库单。出库单主要包含以下项目：客户名称、发货时间、出库品种、出库数量、出库金额、出库方式选择、运算结算方式、提货人签字和成品库主管签字等。

（3）库内管理。

库内管理主要包括对转库、转储、盘点及货物数量的管理，以及对货物的保质期、最高库存、最低库存的管理等。

3. TMS

（1）TMS 的定义。

运输管理信息系统（Transport Management System，TMS）是用现代信息技术对运输指挥、运输工具和人员及运输过程的跟踪等管理的人机系统。主要功能模块有：计划/调度管理、运输工具管理、人员配备管理、装卸/配载管理、过程跟踪管理、客户信息管理、费用/费率管理。

（2）TMS 的内容。

TMS 是物流的一个主要系统，运输管理的主要对象是运输工具（车、船、飞机等）、运输环境（运输线路、站点和地图）、人员（驾驶员、装载人员以及管理人员等）、运单（运单、运输计划排程等）、运输成本核算（人员成本和运输资源成本，包括工具成本和人员成本）、能源消耗核算控制、优化管理（路径优化、运输能力优化以及服务优化等）、客户管理（客户订单服务、查询等）和跟踪管理。

物流运输管理系统的作业流程如图 6-9 所示。

物流运输管理系统的主要内容如下：

① 接单管理。

在系统结构中，接单作为整体的业务入口，能够实现直接承揽运输任务，还能够与仓储管理信息系统出库连接，承接运输业务，在运输形式上能够实现多种运输方式的整合，在业务上能够实现门到门、港到港等多种业务模式。其中，主要包括整车运输委托管理、零担运输委托管理、集装箱运输委托管理、交叉驳运委托管理和客户撤单管理。

② 调度管理。

调度管理是整个系统的核心模块，是作业部门计划与调度人员进行计划调度的操作模块，主要内容是线路运输方案、配载、返回仓储系统和资源管理。

③ 运力管理。

运力管理主要是对承运商、车辆信息进行管理和维护。

④ 追踪管理。

追踪管理主要对委托单及承运货物的车辆进行追踪，具有运输状态数据更新的功能，将获取的车辆、运单等状态输入系统中，进行运输状态的更新。

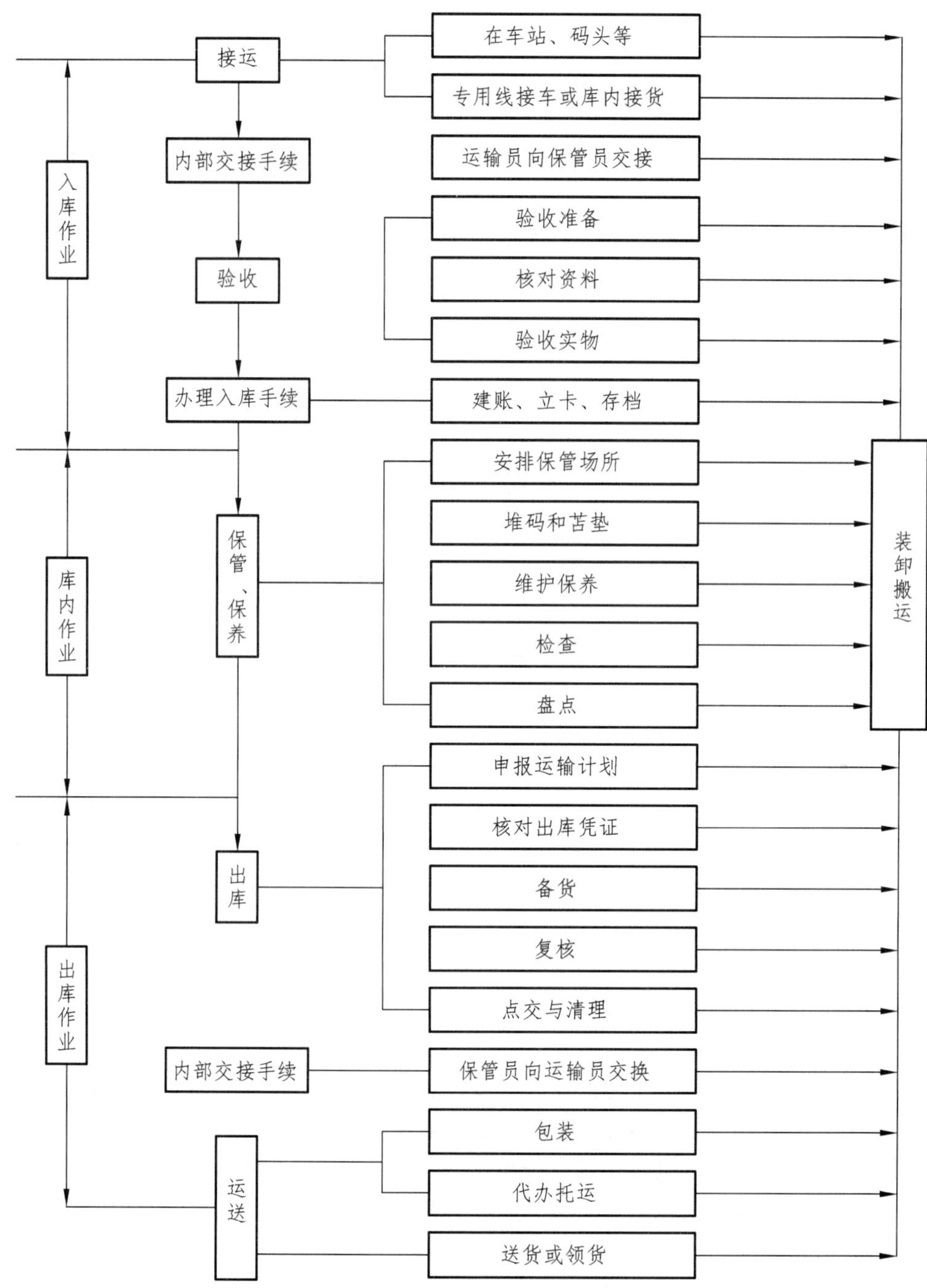

图 6-9　运输管理系统作业流程

⑤ 回单管理。

运输公司将货物送到客户手中，待客户签收后，将货运单返回给计划调度人员。调度人员通过“回单管理”界面，将货运单中的回单信息录入系统中。该模块还完成在途货运单的查看、查询、打印等操作，提供各类运输任务的查询。

⑥ 结算管理。

结算管理主要是对客户、承运商等进行费用的应收、应付、实收、实付的查询和调整等，根据要求按日、月、季度进行费用结算的管理，包括承运商的价格信息数据库，依据合同分别给予客户运输价格表、费用结算报告、客户的统计车辆装载率、针对具体的送货地点的明细表、当日客户的费用明细表等。

⑦ 统计报表。

统计报表包括业务统计、运输作业统计、财务统计。

⑧ 统计决策管理。

统计决策管理包括业务量统计分析、业务利润统计分析、投诉理赔统计分析。

⑨ 客户关系管理。

在接单业务中，记录客户信息以及提取曾经委托过业务的客户信息，不仅能够使工作快捷方便，还能最大限度地维护客户群体及挖掘更多的机会。

⑩ 基础设置。

基础设置是整个系统的基础模块，为其他模块提供基础数据，主要是完成各种业务基础资料输入设置，提供运输生产任务完成的情况。

⑪ 组织管理。

组织管理是指帮助企业对其内部各部门组织和员工进行信息化管理，包括部门档案、员工档案。

⑫ 系统管理。

系统管理是指从系统的角度对操作系统的客户、权限及数据维护等进行管理。

（3）TMS 的实施目标。

在应用了 TMS 后，接单业务可以集中在呼叫中心或分散的小型业务网点，业务网点可以承接跨地区的运输业务。而每一区域的运输业务的管理，则划归到区域调度中心来实现。同时，由于网络的完善，每个调度中心的资源可以互用互享，最大限度地提高资源的利用率。

**4. 销售时点系统（Point of Sale，POS）**

POS 是指利用光学式自动读取设备，按照商品的最小类别读取实时销售信息以及采购、配送等阶段发生的各种信息，并通过通信网络将其传送给计算机系统进行加工、处理和传送的系统。

POS 系统可按金融 POS 或商业 POS 进行分类。金融 POS 可以分为消费 POS、转账 POS、财务 POS、外卡 POS、支票 POS；商业 POS 可以分为小型便携式 POS 系统终端、可进行大量事务处理的 POS 系统（如商业营业、仓库管理等）、在 POS 基础上发展起来的 EDI 电子自动订货或供货系统。

（1）POS 系统的特点。

POS 系统有以下特点：完善的各种前台销售功能；便捷的各部门间货物的调拨；强大的自动订货系统；先进的出租柜台管理理念；严格的系统权限管理；脱销、畅销、滞销商品的分析；超出安全库存商品的报警、订货提示；各种类型的销售报表（供货商、部门、单个商品）；销售信息反馈，商场内贵重、维护型、保修型（如手机、手提电脑、金银首饰等）商品的销售记录，完善售后服务、跟踪服务；系统各用户之间的电子邮件传递；每晚结算方式：自动按整个商场、部门、类别对销售、进货、调拨进行结算，使数据查询和分析变得简捷、高效、准确；完善的库存管理：盘点部门库存、商品类库存、供货商现存等的查询分析审查；人事、工资管理系统。

（2）POS 系统实现后的价值。

① 为企业的采购、仓储、销售提供了全方位的精细化管理。

② 节约了原来用于手写、保管各种单据的人工成本和时间成本，简化了操作流程，提高了基层员工的工作效率和积极性。

③ 提供了更为精细化的数据信息和报表，便于企业更好地分析，做出更为精准的决策。

## 四、物流自动化设备

物流自动化系统按系统的主要功能可划分为仓储物流自动化系统、中转物流自动化系统、生产物流自动化系统等多种类型。

仓储物流自动化系统是物流自动化系统中最基本的系统，其基本结构代表了物流自动化系统的主要特征。仓储物流自动化系统具有存储物料、协调供需关系等基本功能，系统由货架（或堆场）、自动识别设备、自动搬运设备、输送设备、码垛设备、信息管理和控制系统等组成。

中转物流自动化系统的主要功能是实现异地物流运输、物流配送等。系统由各种运输设备（包括公路、铁路、水运、航空运输设备）、自动分拣设备、信息识别设备、包装设备、信息管理和控制系统等组成。

生产物流自动化系统是指生产企业实现不同场地、不同工序或不同设备之间的物料（原材料、半成品、产品等）或道具（工具）自动传送的系统。

现代生产物流系统由管理层、控制层和执行层三大部分组成。其执行层运用的自动化设备有：自动化高架立体仓库 AS/RS 系统、自动化物料搬运系统（包含连续输送设备、起重搬运设备）、自动导引车、自动分拣设备。

下面将介绍自动分拣系统和自动导引车，帮助读者认识物流自动化设备结合物流信息化系统的运行结构。

### （一）自动分拣设备

自动分拣传输系统是指能够识别物品 ID 属性并据此对物品进行分类传输的自动系统。自动分拣传输系统由传输供件同步导入装置、识别及控制系统、机械分拣机构及计算机控制系统等组成。

#### 1. 供件同步导入装置

供件同步导入装置一般由人工辅助对物品进行整理以便识别分拣信息，控制作业节奏。在一些高速分拣机多个供件装置之间自动协调，保证与主机保持自动同步。

#### 2. 识别及控制系统

识别及控制系统通过机器自动识别或人工输入方式生成一组与被分拣物品相关联的数值，并且与被分拣物品在机器上同步运行，从而控制分拣机构。

（1）手工键入输入：早期的分拣机大都通过人工识别址码，采用手工键入的方式输入分拣编码再由机器翻译后进行分拣。适合在没有条形码的物品分拣作业中使用。

（2）光学符号识别信息输入装置：条形码自动识别，其效率高，多在包状物品的分拣过程中使用，其识别的效率在 36 000 件/时以上。

（3）阿拉伯数字字符自动识别装置：效率可以达到 36 000 件/时，主要应用于邮政信函分拣机。

（4）RFID 无线数字识别装置：由于是通过无线数字传递分拣信息，因而对物品的朝向没有要求。目前，这种方式的标识成本较高，限于可以回收或者是内部循环使用的承载单元如托盘及周转箱的使用。

**3. 机械分拣机构**

分拣机构作为传输设备的一部分，是分拣机的主体。在物品的传输过程中采用计算机控制的机械动作方式把被分拣物品导入指定的格口（路向）。分拣机构的种类很多，有小车倾翻式、小车交叉带式、皮带闸门式、链板滑靴式等多种形式。

格口：容纳被分拣的物品，可以是具有一定容量的滑槽或者是一段传输机构。其中，传输方式有动力皮带或辊道方式两种。

**4. 计算机控制系统**

分拣机的计算机控制系统主要控制分拣机的运行速度，控制分拣导入机械的启动及运行的时间。早期的分拣机的控制系统由于国内外控制理念不一样而有所差异。欧洲厂家在设计上，习惯对分拣机上的每一个载体小车进行固定的 ID 编号，识别被分拣物品的路向信息与每一个小车的 ID 编号相关联，而在同一个格口的译码装置要识别属于本格口不同的小车号码。我国习惯于被分拣物品的信息与相关的格口关联，与小车本身的编号无关。相应的，每个格口的译码器仅认知属于本格口的 ID 编号的被分拣物品。总而言之，国外控制分拣的方式是认车不认物，而中国多数是认路（是否同途）而不认车。

自动分拣机的主要技术参数如下：

（1）主机器分拣效率：件/时；

（2）运行速度：米/秒；

（3）分拣物品尺寸及重量范围；

（4）分拣格口数量及格口的容量；

（5）供件席位数量；

（6）分拣差错率；

（7）分拣机功率及驱动方式。

### （二）自动导引车系统

美国物流学会自动导引车系统产品部把自动导引车（Automated Guided Vehicle，AGV）定义为：装有电磁或光学自动导引装置的运输小车。该 AGV 能够沿规定的导引路径行驶，并配备有 AGV 编程与停车的选择装置、安全保护和任何其他系统所需要的特殊功能的装置。自动导引车是计算机技术、自动控制技术、管理技术、加工制造技术等多学科技术的综合。自动导引车系统（Automatic Guided Vehicle System，AGVS）是由多台 AGV 组成的，是集机电控制、计算机网络及无线通信等技术于一体的集成化智能运输系统。

随着柔性制造系统（FMS）、自动化工厂（FM）和计算机集成制造系统（CMIS）的推广，自动导引车（AGV）被广泛用于工厂内部工序间的搬运和制造系统的连续运转。这不仅是现代化工业迅速发展的需要，更是由 AGV 本身所独具的优越性所决定的。

自动导引车（AGV）对于工作环境具有较好的适应性，可以充分利用工作环境的空间，且 AGV 运行线路的更改相对于其他物料输送设备而言都比较容易。由于具有灵活的物料搬运能力，自动导引车（AGV）技术已越来越受到人们的重视，并得到了广泛的应用。

AGV 是融合了电子技术和机械技术的典型机电一体化产品。随着各种 AGV 新产品不断开发，AGV 技术不断发展，先进的传感器、电子电力器件、光电器件、计算机、控制技术、电池技术、机构学等高新技术成果逐渐集成到 AGV 新产品及其系统技术中去，使它的技术附加值越来越大。

**【思考题】**

1. 物流信息技术的软件技术和硬件技术有哪些？
2. 物流自动化系统在物流中的应用具体分为哪几类？
3. 物流信息系统技术主要有哪几种？
4. 简述信息技术的应用趋势。

# 第二篇　案例篇

## 第七章　物流战略运作代表案例

各行业物流运作代表案例如表 7-1 所示。

表 7-1　各行业物流运作代表案例

| 行业 | 知名应用企业 | 管理方式、技术 |
| --- | --- | --- |
| 汽车制造 | 丰田、Ford、BMW、雪铁龙、一汽大众、东风汽车 | 仓储管理、生产控制体系 |
| 服装制造 | 雅戈尔、李宁、美特斯邦威、Zara、Nike | 物流信息化、供应链管理、高效仓储 |
| 食品饮料 | 可口可乐、麦当劳、青岛啤酒、蒙牛、光明乳业、茅台 | 供应链管理、库存管理、第三方物流 |
| 医药产品 | 云南白药、哈药、上海医药、苏州雷允上药业 | 配送管理、流程管理、物流重组、信息化 |
| 其他行业 | 戴尔、欧莱雅、米其林、三星、联想、小天鹅、京东 | 供应链管理、供应链改进、安全库存 |
| 批发和零售业 | 沃尔玛、家乐福、麦德龙、7-11、宜家家具、国美、苏宁电器 | 供应链管理、配送中心选址 |

### 第一节　丰田的实时物流

#### 一、丰田概况

丰田汽车公司简称“丰田”（TOYOTA），创始人为丰田喜一郎，是一家总部设在日本爱知县丰田市和东京都文京区的汽车工业制造公司，前身为日本大井公司，隶属于日本三井产业财阀。丰田是世界十大汽车工业公司之一、日本最大的汽车公司，创立于 1933 年，截至 2011 年 3 月，员工总数达到 69 125 人。2010 年丰田汽车的营业收入就达 18 兆 9 936 亿日元，营业收益 4 682 亿日元，净利润 4 081 亿日元。2018 财年，销售额达 30.2256 万亿日元（约合人民币 1.9 万亿元），成为首个销售额超 30 万亿日元大关的日本国内企业。对照野村证券制作的上市企业销售额排名，相当于全球第八位。

丰田汽车自 2008 年始逐渐取代通用汽车公司而成为全世界排行第一位的汽车生产厂商。取得如此大的成就，离不开丰田特色的生产方式，实时物流就是其中重要的组成部分。实时物流是伴随物流经营理念、物流运作实践的发展和技术的进步而产生的一种物流理念。它强调的是使用最新的信息技术与现代物流技术来积极消除物流业务流程中的管理与执行的延迟，从而提高企业整个物流系统的反应速度与竞争力，提升物流企业服务水平。

丰田公司近年销售量和销售额如图 7-1 和图 7-2 所示。

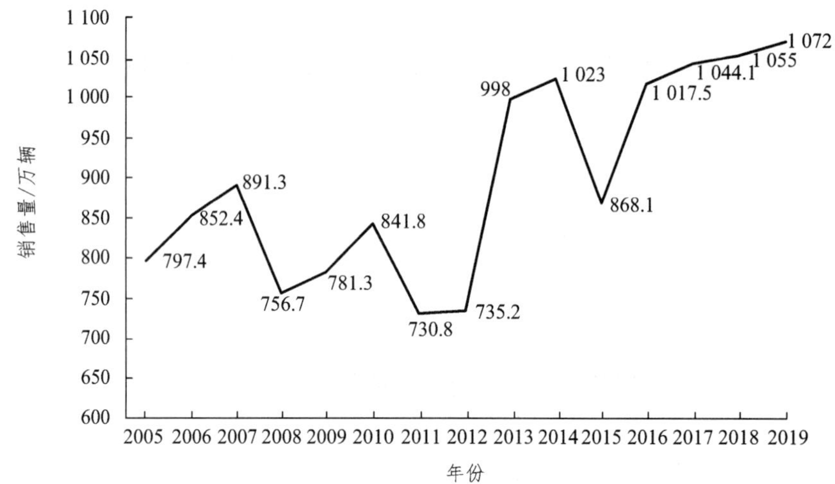


图 7-1　销售量

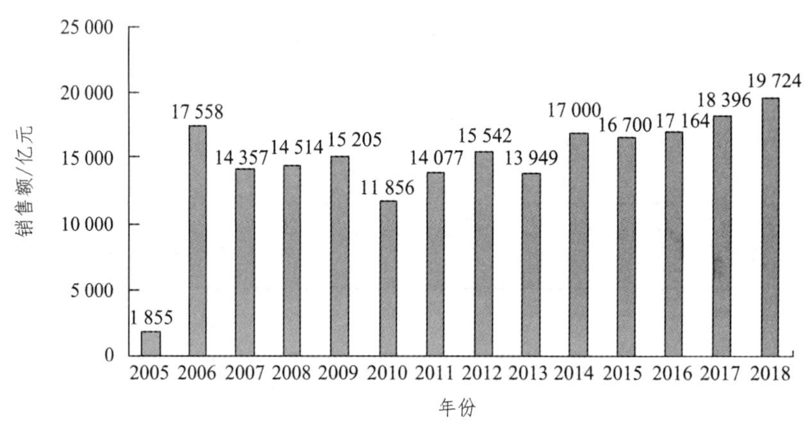


图 7-2　销售额

## 二、实时物流

丰田的实时物流就是结合企业自身的特点，突出实时生产（JIT）的功能，不是简单地追求生产、采购、营销系统中的物流管理与执行的一体化协同运作，而是更加强调生产企业与中间商、与销售商的商业信息系统的整合，形成以供应链为核心的商务大系统中的物流反应与执行效率，真正实现企业与市场的无缝连接。丰田的实时物流主要包括实时采购、实时生产与实时销售三部分。

### 1. 实时采购

实时采购的内涵：把合适的数量、合适的质量的物品，在合适的时间供应到合适的地点，最好地满足用户需要。这样不但能够最好地满足用户需要，而且也可以极大地消除库存、最大限度地消除资源资金的浪费，从而极大地降低企业的采购成本和经营成本，提高企业的竞争力。丰田以制造单位为中心，促使相关零部件生产商与供应商形成聚集。在日本本土的生产部门，丰田相关的零部件厂商与丰田的车距不会超过 20 分钟。这样不仅节约了相关的运输成本与运输损耗，而且最大限度地节约了生产与运输时间，为丰田构造实时物流体系创造了必要的条件。

实时采购要求供应与需求双方信息高度共享，以保证供应与需求信息的准确性和实时性。由于双方的战略合作关系，企业生产计划、库存、质量等各方面的信息都可以及时进行交流，以便出现问题时能够及时处理。只有供需双方进行可靠而快速的双向信息交流，才能保证所需的原材料和外购件的准时按量供应。同时，充分的信息交换可以增强供应商的应变能力。所以实施实时采购，就要求供应商和制造商之间进行有效的信息交流。

实施实时采购后，企业的原材料和外购件的库存很少甚至为零。因此，为了保障企业生产经营的顺利进行，必须从根源上抓采购物资的质量。也就是说，质量问题应由供应商负责，而不是由企业的物资采购部门负责。实时采购就是要把质量责任返回给供应商，从根源上保证采购质量。为此，供应商必须参与制造商的产品设计过程，制造商也应帮助供应商提高技术能力和管理水平。这种“荣辱与共”的相互关系模式从根本上保证了整个生产体系的一致性与整体性。

### 2. 实时生产

日本汽车工业从其起步到今天经历了技术设备引进对国产化、建立规模生产体制、高度成长、工业巨大化、强化国际竞争力、出口日增对全球战略这样一个过程。但是，从一开始的技术设备引进阶段，日本汽车工业就没有全部照搬美国的汽车生产方式。这其中除了当时的日本国内市场环境、劳动力以及第二次世界大战之后资金短缺等原因之外，一个很重要的原因是，日本丰田公司的副总裁大野耐一综合了单件生产、批量生产的特点和优点，创造了一种在多品种、小批量混合生产条件下高质量、低消耗的生产方式，即实时生产（Just in Time，JIT）。

JIT 的核心思想：只在必要的时候，按一定的量，生产所必需的产品，就是管理者对于生产的计划和控制及库存的管理。JIT 生产方式以准时生产为出发点，首先暴露出生产过量和其他方面的浪费，然后对设备、人员等进行调整，达到降低成本、简化计划和提高控制的目的。在生产现场控制技术方面，JIT 的基本原则是：在正确的时间，生产正确数量的零件或产品。JIT 提倡采用对象专业化布局，用以减少排队时间、运输时间和准备时间，在工厂一级采用基于对象的专业化布局，以使各批工件能在各操作间和工作间顺利流动，减少通过时间。在流水线和工作中心一级采用微观对象专业化布局和工作中心形布局，以减少通过时间。

JIT 可以使生产资源合理利用，包括劳动力柔性和设备柔性。当市场需求波动时，要求劳动力资源也做出相应调整，如需求量增加不大时，可通过适当调整具有多种技能操作者的操作来完成。当需求量降低时，可采用减少生产班次、解雇临时工、分配多余的操作工去参加维护和维修设备。这就是劳动力柔性的含义，而设备柔性是指在产品设计时就考虑加工问题，发展多功能设备。

JIT 强调全面质量管理，目标是消除不合格品，消除可能引起不合格品的根源，并设法解决问题。JIT 中还包含许多有利于提高质量的因素，如批量小、零件很快移到下工序、质量问题可以及早发现等。

丰田 JIT 流程如图 7-3 所示。

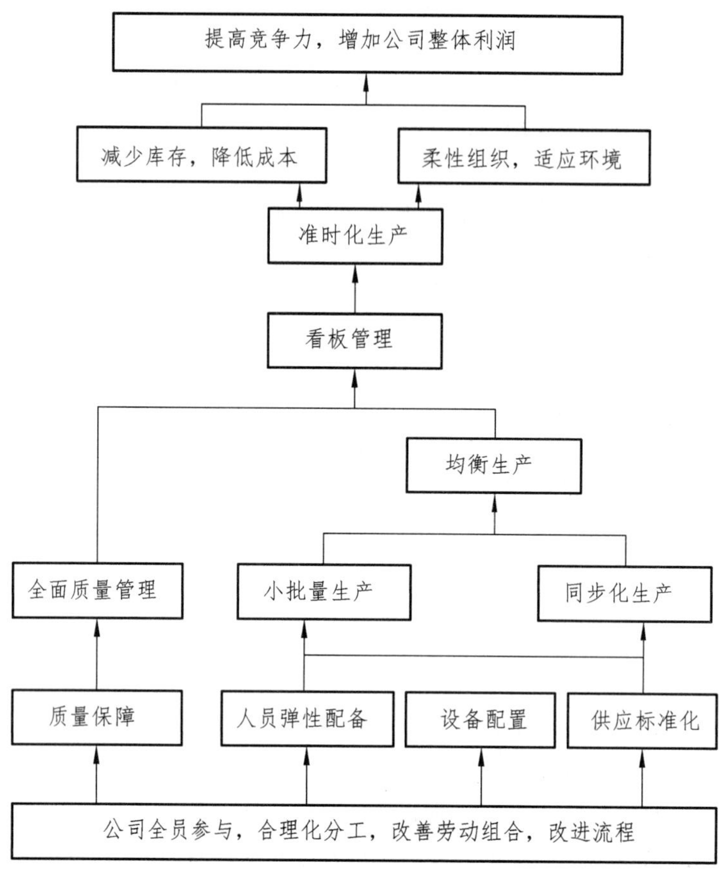


图 7-3　丰田 JIT 流程示意图

### 3. 实时销售

丰田汽车在销售汽车时建立了“汽车灵活销售体系”，通过将各地区汽车经销商的实时需求信息联入本部的相关信息系统，及时转化成相关车型的生产信息，使相对应的汽车生产线及时生产。该信息系统可以及时汇总处理各种信息，以最快的速度进行生产。与一般的汽车营销模式相比，可以减少 10 天的交货时间，相应的，库存量也可减少 80%。

丰田汽车还对全体经销商进行相关实时销售的教育培训，依托市场信息的及时反馈，对经销商的相关促销策略与经营管理问题提供合理的指导，从根本上提高销售效率。在经济不景气的时代，通过积极的协商与沟通，共同承担相关利润减少产生的负面影响，使生产制造企业与经销商形成一种风险分担、利润共享的战略同盟关系，为丰田实时物流体系的构建与完善创造必要的外部条件。

# 第二节　ZARA 的极速时尚帝国

## 一、ZARA 概况

ZARA 成立于 1975 年，已在欧洲 27 个国家及全世界 55 个国家和地区建立了 2 200 家女性服饰连锁店。2004 年全球营业收入 46 亿欧元，利润 4.4 亿欧元，获利率 9.7%，比美国第一大服饰连锁品牌 GAP 的 6.4%还要出色。2017 财年净销售额共 253 亿欧元，同比增长 9%。2017 财年中，2016、2017 两个财年均开业的实体店及线上商城的销售额同比增长 5%。近几年来 ZARA 经营成功，可归纳为四个因素：拥有庞大的设计师群；公司本身拥有 9 家成衣厂，从新款策划到生产出厂，最快可在一周内完成；ZARA 的送货速度快；采取多样少量的经营方式，每隔 3 周其服装店内所有商品一定要全部换新。目前 ZARA 在西班牙有 9 家自己的生产工厂，可以机动掌握生产速度。设计师完成服饰设计之后，便将设计资料规格传到工厂正式生产。世界各地连锁店的订单，经合理评估后传到工厂，将库存量降到最低。目前库存量大约是 15%～20%，比其他服饰连锁业者的 40%低很多。从设计理念到上架 ZARA 平均只需 10～15 天，而中国大多数服装企业需要 6～9 个月甚至更长时间；库存周转 ZARA 每年达到 12 次左右，其他运作一流的服装企业也只能达到 3～4 次，而国内大多数服装企业是 0.8～1.2 次。Zara 每年推出 12 000 多种产品给顾客，运作一流的服装企业平均只能推出 3 000～4 000 款，而国内多数服装企业能推出上千款的则寥寥无几。2004 年 Zara 年销售量就已经突破了 2 亿件，2011 年销售量达 4.19 亿件，这对即使追求数量的中国众多服装企业来说，也是可望而不可即的天文数字。从中可以发现，ZARA 正在形成它的时尚帝国，其背后起支撑作用的是高效的物流管理。

ZARA 模式与传统模式的对比如表 7-2 所示。

表 7-2　ZARA 模式与传统模式的对比

<table>
<tr><td>传统模式</td><td>设计</td><td>生产决议</td><td>下订单</td><td>原料采购</td><td>样品生产</td><td>样品确认</td><td>正式生产</td></tr>
<tr><td colspan="8">6～9 个月</td></tr>
<tr><td>Zara 模式</td><td colspan="3">设计、选料、成本估算</td><td colspan="4">对半成品进行裁剪、缝合</td></tr>
<tr><td colspan="8">10～15 天</td></tr>
</table>

## 二、ZARA 特色供应链系统

ZARA 一年中大约推出 120 000 种时装，而每一款时装的量一般不大。即使是畅销款式，ZARA 也只供应有限的数量，一家专卖店中一个款式常常只有两件，卖完了也不补货。一如邮票的限量发行提升了集邮品的价值，ZARA 通过这种“制造短缺”的方式，培养了一大批忠实的追随者。“多款式、小批量”，ZARA 实现了经济规模的突破。ZARA 成功的原因大致是：垂直一体化、拉式供应链、高效的组织管理、IT 应用、独特的营销策略等。

### 1．垂直一体化

ZARA 的战略要求公司在全年中不断地推出大量的各种各样的新产品。ZARA 公司高级经理 Diaz 认为，公司经营的是“时装”，不是传统的卖衣服的。顾客购买是因为他们喜欢“时装”，而不是 ZARA 公司的原因。对于顾客来说，ZARA 公司的连锁店意味着，他们可以在那里找到最新的、限量供应的“时装”。在某种程度上，由于公司经营的是“时装”（但价格却不高）的形象，连锁店的存货水平非常低，通常每种款式只有几件。换句话说，这几件库存通常都是摆在展览的橱窗里的。由于低库存的方针，一天销售后经常可以看到空空的货架，连锁店非常依赖新产品来有序而又迅速地补充货源。这是在传统模式下无法想象的。

ZARA 是一个垂直整合的团体，拥有染色、设计、裁剪和服装加工“一条龙”式的最新设备。流程如下：

（1）在产品设计过程中，设计团队就已经根据数据库中的信息确定了选用哪种面料，缩短了等待面料的时间（生产时只需直接到仓库中领用面料即可）。

（2）根据产品设计要求在高度自动化的剪裁设备上裁剪（衣服上的小装饰品在 ZARA 的仓库中是现成的，制成样品只需要很少的时间）。

（3）裁剪好的布料被运送到 400 家小型代工厂进行缝合，代工厂快速地缝好衣服并不断地将缝制好的衣服送到 ZARA 工厂，工人会在熨烫时对每件服装进行仔细检验。

（4）完工后的成衣被贴上标签装进塑料袋，而标签上已经打上了不同地区、不同货币情况下的价格，便于产品到达专卖店后直接上架销售。

（5）包装好的产品自动转移到与工厂相连的两个物流中心，这里就是仓库，缩短了库存周转时间。

**2. 拉式供应链**

生活在城市的年轻人愿意为流行的时装买单，但是，为了满足他们的胃口，ZARA 必须以闪电般的速度将潮流从设计室带到店铺的货架上。ZARA 创造了价值网络，它的生产线流程从店铺开始，每天的销售情况和消费者的回馈都汇总到公司设计师那里，一旦设计完成，公司就立刻开始生产。公司有高技术的机器，能设计样品和剪裁布料。对于劳动密集型的工作，如缝纫和加工，ZARA 都以合同的方式交由西班牙西北部的小作坊代工。如此一来，ZARA 的新品从设计到摆上货架只需要 10～15 天。

ZARA 的供应链突出了一个“快”字。首先在产品设计方面，ZARA 很少完全依靠自己的设计和研发，更多是从其他时装品牌的发布会上寻找灵感。根据服装行业的传统，高档品牌时装每年都会在销售季节前 6 个月左右发布时装信息，一般是 3 月发布秋冬季时装，9 月份发布春夏季时装。这些时装公司会在巴黎、米兰、佛罗伦萨、纽约等世界时尚中心发布其新款服装，而 ZARA 的设计师们则是最积极的“观众”。这些信息被迅速反馈回 ZARA 总部后，马上会有专业的时装设计师团队分类别、款式及风格进行改版设计，重新组合成 ZARA 自己全新的产品主题系列。ZARA 总部有一个 260 人的专业团队，由设计专家、市场专家和采购专家（负责采购样品、面料和生产计划等）组成，共同探讨将来可能流行的服装款式、花色、面料等，并讨论大致的成本和零售价格等问题，形成初步的一致意见。

在设计师绘出服装草样并完善后，这个团队还会根据草样进一步讨论确定批量、价格等，决定是否投产。开放的团队、频繁的沟通、保证马上付诸实施，这使 ZARA 的设计除了拥有低成本和流行元素外，更具备了 6 个月的时尚信息“提前量”。

### 3. 高效的组织管理

ZARA 所有的产品都是通过拉科鲁尼亚的物流中心发送出去的，该中心有 5 层楼那么高，建筑面积超过 50 000 平方米，运用非常成熟的自动化管理软件系统（大部分是由 ZARA 或者 Inditex 的员工开发出来的）。中心的员工有 1 200 人，通常每周运作 4 天，运送的货物的数量依需求而定。产品包装检查完毕以后，每个专卖店的订单都会独立地放在各自的箱子里，通过大约 20 千米的地下传送带运送到配送中心。为确保每一笔订单准时准确到达其目的地，ZARA 没有采取耗时较多且易出错的人工分拣方法，而是借用激光条形码读取工具，它每小时能挑选并分拣超过 80 000 件衣服。

为加快物流周转，ZARA 总部还设有双车道高速公路直通配送中心。通常，订单收到后 8 个小时以内货物就可以被运走，每周给各专卖店配货 2 次。物流中心的卡车都按固定的发车时刻表不断开往各地。从物流中心用卡车直接运送到欧洲的各个专卖店，利用附近的两个空运基地运送到美国和亚洲，再利用第三方物流的卡车送往各专卖店。这样，欧洲的专卖店可在 24 小时内收到货物，美国的专卖店可在 48 小时内收到，日本的专卖店在 48 ~ 72 小时内收到。ZARA 的产品配送不可谓还是一个神话，能确保各种款式的服装几乎都不在部门停留，从服装在分销中心到被快速地分拣、装机并送往商店，只需很短的时间。同时，每个商店每星期收到 2 次供货，这种频繁的配货方式一方面完全保证了 ZARA 店内展示时装的“新鲜度”，另一方面也促使其配送系统快速运转。生产完成后，服装在最长的运输途中也不能超过一个星期。ZARA 特别强调速度的重要性。快速反应的供应链是保证 ZARA 品牌快速、时尚的形象特征的核心，而配送运输作为整个供应链中相当费时的一个环节，对于快速可谓一个敌人，但同时也最有潜力可挖。

### 4. IT 应用

ZARA 整个 IT 技术的应用中，最能发挥快速的特点并且最让人为之着迷的，要数它对数据高度的标准化。首先是对时尚信息的标准化。在时尚信息的搜集和汇总完成之后，ZARA 调控中心的办公人员会对这些时尚信息进行萃取、分类、归档，将它们以标准化的格式录入总部的数据库之中。就是在这种数据标准化存储的数据库的帮助下，ZARA 的设计人员才得以高效地获取并理解来自全球范围的时尚信息，进而把他们糅合成新的时尚设计。

其次是生产过程中的标准化。在 ZARA 服装生产的过程中，每件衣物在进行裁剪之后，都会有其相应的条形码与之相匹配，并伴随着这些配套的布料，一直经历缝合、装箱、分拣、配送和销售的全过程。这说明在 ZARA 的这些环节中，对衣物的识别都在使用统一的标准。因此，在整个供应链的运作过程中，关于同一款式服装的信息之间绝对不会存在任何不匹配现象，从而保证了信息传递的流畅，进而确保了供应链的快速响应。

对数据进行标准化处理从而疏通流程，在当今大小企业中已经屡见不鲜。数据标准化的重要性也已经得到了共识。但是，如果说 ZARA 在生产过程中的数据标准化通过一定的努力还可以模仿的话，ZARA 对服装的美学信息、时尚信息、款式的信息是如何进行标准化，进而促进设计的，这对业界人士来说至今仍然是个谜。ZARA 的 IT 实施具有一定的侧重点，在设计阶段，ZARA 大规模地投资，甚至自主设计整个数据库系统，保证每年有大量设计款式的顺利推出。在生产和配送环节，为了确保设计出的服装能够快速上市，ZARA 也进行了大量的投资，但这里的投资针对 IT 技术并没占有太大的比例，而是大量的投资于用于生产、分拣和配送的机械设备，而对于销售门店，ZARA 的 IT 投资就显得更加吝啬，它只是利用非常普遍的 POS 系统，但背后却与总部的数据库相连。另外，对门店的 IT 投资还包括门店经理的手提通信设备的配备。

不难看出，ZARA 的 IT 投资主要运用于供应链的前端，包括信息的大量搜集和整合，而到供应链的后半部，则减少投资额，只是确保流程的快速运行和信息的有效反馈即可。其实如果仔细分析就会发现，后者正是前者的结果。ZARA 的 IT 投资策略的妙处就在于，在供应链之初大量整合信息，并结合品牌特性，在设计阶段保证产品的时尚特性。因此，也就无须在供应链的末端做过多的调整，自然可以减少销售环节的 IT 投资。这样侧重总部的集中 IT 建设的优点还在于，由于总部的隐蔽性，因而难以被其他公司学习和模仿，保证了公司运作在 IT 层面的核心优势。

**5. 独特的营销策略**

通过产品组织与设计、采购与生产、产品配送环节的快速、有效运转，ZARA 虽然不是时尚的第一倡导者，却是以最快的速度把“潜能”变成现实的行动者！有人称“ZARA 是一个怪物，是设计师的噩梦”，因为 ZARA 的模仿无疑会使他们的创造性大大贬值。大多数服装零售商的这个周期却达到了 6 ~ 9 个月甚至更长，所以他们都不得不努力去预测几个月后会流行什么、销售会有多大，而一般提前期越长预测误差就越大，以致滞销的商品剩下一大堆，畅销的又补不上，只能眼看着大好的销售机会流逝。ZARA 完全打破了传统服装品牌惯例的运作模式，走的是一条完全不同的破坏式创新之路。ZARA 总能最及时、最准确地提供顾客此时此刻最想要的东西。ZARA 对其品牌形象的定位非常鲜明——时尚、快速、低价，在定价走大众路线的同时在形象上走高端路线。

（1）多款少量，减少同质化产品，满足市场时尚化、个性化需求，奇缺货品产生了一种物以稀为贵的稀有价值和消费者的快速购买欲望。

（2）ZARA 一般选择高档的商业区和繁华的交通枢纽，如巴黎的香榭丽舍大街、纽约的第五大道等，它周围全是全球顶级品牌。

（3）针对不同地区的不同定位，ZARA 会为连锁店设计不同的形象。另外，ZARA 十分讲究店内商品的组合陈列。

（4）ZARA 尽量把销售终端牢牢地掌握在自己的手中，从而在保持整个销售网络风格划一的同时，对他们进行密切的关注和监督。另外，将在那些有成长价值的国家设定的核心市场开设店面。

（5）与很多时尚品牌不同，ZARA 很少打广告，因为它认为自己的专卖店是最好的广告，它更多的是依靠优越的地理位置而不是通过广告将顾客吸引至店中。它的紧跟时尚趋势、频繁更新和少样多款对顾客产生了独特的吸引力。

ZARA 以消费者为中心，缩短了前置时间，向供应链的各个环节“挤压”时间并清除可能的瓶颈，减少或取消那些不能带来增值的环节，小批量、多品种以营造“稀缺”，跨部门沟通、协同快速响应满足市场需求，从而提升品牌价值和竞争力。在一个销售季节结束后，最多有不超过 18%的服装不太符合消费者的口味，而行业平均水平约 35%。一年中，只在两个明确的时间段内进行有限的降价销售，一般是 8.5 折以上，而不是业内普遍采用的连续降价方法，最后平均只有 6 ~ 7 折。如果产品畅销，且总部有现存面料，则迅速通过高效的供应链体系追加生产、快速补货，以抓住销售机会。

## 第三节　茅台："奢侈品"白酒的物流配方

### 一、茅台概况

"国酒"茅台是与苏格兰威士忌、法国科涅克白兰地齐名的三大蒸馏酒之一。1915 年至今，茅台酒共获得 15 次国际金奖，连续 5 次蝉联中国国家名酒称号，与泸州老窖、杏花村汾酒并称我国三大名酒，是酱香型白酒的鼻祖。2011 年中国酒类流通协会主办的第三届华樽杯中国酒类品牌价值排行榜，茅台以 595.28 亿元，力压五粮液与洋河名列第一，连续 2 年蝉联桂冠。2011 年贵州茅台共生产茅台酒及系列产品基酒 39 532.62 吨，同比增长 21.22%。2011 年，贵州茅台实现营业收入 184.02 亿元，同比增长 58.19%，实现净利润 87.63 亿元，同比增长 73.49%，成为中国盈利最好的公司之一。2018 年，贵州茅台营业收入突破 700 亿元，同比增长超过 20%，其中酒类收入约为 735.65 亿元，占比在 99.9% 以上；净利润 355.85 亿元，与 2017 年的 272.24 亿元相比，增幅达 30%。2019 年营业总收入高达 888.54 亿元，营业利润 590.41 亿元，同比分别增长 15.10%和 14.99%。

在白酒行业，原材料、酿制、运输、储存等各个环节都是影响酒类最后品质的重要因素。在竞争残酷而又激烈的中国酒类市场，贵州茅台屹立潮头，依靠的不只是独特的口感和神秘的配方，茅台集团特有的物流运作方式功不可没。但茅台依然面临着安全、质量、仓储与管理等许多方面的挑战，茅台集团一直致力于完善其自身的"绿色供应链"建设，主要侧重于原料采购、特色生产加工、配送体系、特色营销方面的构建。

### 二、茅台的成功——物流配方

**1. 原料采购**

茅台酒的生产规模急剧扩大，从 10 多年前年产 3 000 来吨到 2012 年半年产 2.4 万吨，带动了仁怀市相关粮食作物种植（红高粱为主）从零星到规模化种植。但是茅台酒对酿造环境的要求非常高，一直都流传有"离开茅台镇造不出茅台酒"说法。相关研究显示，茅台镇周边的有机红梁、赤水河水、河谷空气中的微生物是保证茅台酒品质的决定性因素。

茅台酒厂对农民的高粱实行订单收购，收购价高于市场价。怀仁市农业局茅台酒有机原料中心主任介绍，茅台酒厂今年投入 1 000 多万元，为种高粱农民提供良种、农膜等，成立了风险基金，在农户遇到自然灾害时提供保障，免除农户后顾之忧。由于仁怀市对种植红梁进行了酱香酒原产地保护有机原料认证，按照有机原料认证体系，经过种植培训后的仁怀农民，都能熟练地按农业标准化进行种植。为保证有机原料质量的可追踪性，仁怀以村为单位，以地块为基础，对基地、示范种植园所有的农作物从播种、管理、收割、贮藏、销售全过程进行严格的农事记录，并将记录的数据、资料整理归案，为有机原料认证机构提供更充实的相关数据信息。

“往往只是 2%～3%的元素决定了一种白酒的品质和风格，决定茅台风格的就是赤水河谷盘绕在茅台镇上空的微生物。”茅台集团负责人告诉记者，为保证赤水河水质和上空的微生物健康循环，贵州省已经通过了《贵州省赤水河流域保护条例》，于 2011 年 10 月 1 日起实施，以预防和减少环境污染和生态破坏为重点，从根源上保证了茅台酒品质的连贯性。

2. 特色生产加工

贵州茅台酒位于黔北赤水河畔的茅台镇，地处东经 106°22′，北纬 27°51′，海拔 423 米。截至 2003 年，占地面积 220 万平方米，建筑面积 94.78 万平方米。厂区内包括公司办公大楼、茅台酒生产车间、酒库车间、包装车间等。茅台酒的酿造工艺，在业内行家的视角里，是将原始的、古老的传统工艺与现代科技完美融合的典范之作，是世界蒸馏酒中绝无仅有的特殊知识技能。

任何一种事物，它之所以能将自身鲜明地区别于其他事物，就其内部的“运动形式”而言，必然具有特殊的规律。茅台酒采用的“季节性生产”“高温酿造”“长期陈酿”与“精心勾兑”，即它是区别于其他白酒酿造工艺的显著标志。国内一般白酒酿造，一年四季都可以投料生产，只需经过一两次，至多四五次发酵蒸馏取酒，便完成一个生产周期。而茅台酒酿造，则是顺应季节变化的自然规律来进行的，一年一个生产周期，“端午踩曲，重阳下沙投料”。同一批原料，要历经八次摊凉及加曲堆积发酵、9 次蒸煮、7 次取酒的复杂生产过程。 “高温酿造”在茅台酒的工艺中，堪称继承传统工艺基础上最富有科技创新内涵的“核心技术”。它包括高温制作大曲、高温堆积发酵、高温蒸馏接酒 3 个至关重要的工艺环节 ——茅台酒的制曲温度高达 62 °C，需经两次翻曲，40 天成熟，再存放半年以上，方可投入使用。这是顺应自然规律的原始、古老、传统的科学方法。它为茅台酒带来了大量的微生物、香味物质和香味前驱物质。这在世界蒸馏酒中是独一无二的工艺。

“长期陈酿”与“精心勾兑”，是茅台酒酿造工艺中两个关联性很紧密的重要工序，也是茅台酒实现品质美与风味美同步升华的重要保障。尤其是“精心勾兑”，可谓是巧夺天工的神来之笔。

新酒烤出后，即按照不同轮次、不同酒精浓度、不同典型体、不同生产日期进行分类，一律采用传统的陶瓷坛装酒入库长期陈酿。陈酿期达到 3 年，才可以投入小盘勾和大盘勾；进行盘勾时，还要使用陈酿时间更长的老酒勾调。

从新酒装坛、入库陈酿到可投入勾兑成品茅台酒，5 年的累计损失高达 20%左右。难怪有人说，“茅台酒长期陈酿，流逝的是岁月与时光，沉淀下来的是价值，是芳香，是茅台酒永恒不变的高品质”。业内专家认为：一般而言，“酒是陈的香”，但并不是其他白酒都能像茅台酒这样，经过长期陈酿能达到幽雅细腻、协调丰满、芳香浓郁的境界。

茅台酒陈酿期达到 5 年，即可用于勾兑成品茅台酒。茅台酒的香味、香气及风格特征难以用语言来表达，全凭勾酒师极为敏感的视觉、嗅觉、味觉“三维审美”，心领神会地将几十种、甚至几百种不同年份、不同轮次、不同酒精浓度、不同典型体、不同酒龄的茅台酒基酒进行精心勾兑，取长补短地勾调成为妙不可言的成品茅台酒。

茅台酒是天然发酵食品，无论是搞盘勾还是勾兑成品酒，从不添加任何外来物质。为了保证成品酒达到色、香、味俱佳的理想境界，所采用的样品酒竟多达 100 多种。这给人一个启示：国酒茅台的酿造工艺之所以显得格外的独特和富有创意，是因为茅台人长期以来，辩证地解决好了继承与创新的关系。

“传统”，在茅台酒酿造中没有“保守”“固步自封”的含义，恰恰是茅台酒酿造工艺的一大特色。它既原始、古老、传统，又蕴涵着科学、合理的知识和技能。也许，只有读懂了茅台酒酿造工艺的“传统”，才有可能真正地领略茅台人将传统工艺与现代科技完美融合后达到的传神境界。毕竟，茅台人一代接一代地从“传统”中走过来，他们对茅台酒酿造中蕴涵的大自然特殊规律及其中的科学原理，了如指掌。

但是，茅台人尊重传统，珍惜传统，并非墨守成规，不图进取。他们对实践证明有利于保障茅台酒品质和提高茅台酒产量的科学、合理的工艺技术，绝不标新立异，而是老老实实地继承下来，并加以总结和提高，形成必须遵循的操作标准和规范；而对某些实践证明有碍生产力发展的工艺环节或可以探索的领域，则积极、稳妥地应用现代先进的科学技术去进行必要的改造和完善，使之更具科学性和合理性。像“八个统一、八个控制、八个确保”的操作规程，无论从任何角度审视，都可以堪称将传统工艺与现代科技完美融合的典例。

据了解，茅台在国际上首次采用全二维气相色谱与飞行时间质谱联用，建立了包括样品前处理在内的一整套先进的白酒检测分析技术，这些科学数据更为茅台的工艺提供了准确的技术含量保证”。这么多年的工作中，技师已经将酿酒的经验上升到理论，再进行传承，系统完善，“加上先进科技的帮助，则实现了用集体取代了个人”。事实上，迄今为止，茅台人已经在长期的实践中，把历史上获知和掌握到的传统酿造工艺知识技能，从原始的、偶然的、间断的、少量的经验，通过融入现代科技，进行改进、提高、升华。茅台经济效益的大幅度增长，不是凭借片面追求产量得来的，而是依靠科技进步不断完善、升华茅台酒酿造工艺的技术、技能，通过提高质量来实现的。

**3. 配送体系**

茅台酒因产量受限、市场供需矛盾巨大，造成了价格在市场上被不断炒高，一个茅台空酒瓶能炒到近百元。然而相比价格，更令消费者头疼的是遭遇“假酒”。除消费者极易辨识的侵权酒，过去 5 年茅台共查处了 350 吨假酒，最大的问题是消费者没有搞清楚茅台的供应、销售渠道。据了解，茅台在全国有 1 300 多家经销商、800 多个专卖店，团供、专供渠道各 100 个，经销渠道最齐全。“我可以说通过这些渠道买不到一瓶假酒”，茅台负责人表示。

然而崇山峻岭的自然条件显然限制了茅台的运输配送，茅台镇至今未通高速公路，往往一批货要拖上 3 个月甚至半年才能送达。为了及时拿到货，经销商往往自己开车到茅台镇取酒，甚至动用飞机来运，不过这些应急措施显然加大了茅台的运输成本。从出产于田间地头的高粱、小麦开始到包装盒、酒瓶以及诸多复杂工艺的标识、标签，茅台酒厂建立了一套完整的供应链体系，并对所有的供应商均实行一年一度的考核，打破了供应的终身制，对每个供应商的每次供货都建立了档案。在原料、辅料采购的众多环节都建立了标准的监测体系，一旦发现问题，可以追溯到每个人、每个环节。茅台确立了把集团打造成千亿集团的新战略目标，加强网络终端建设，努力实现配送网络的升级转型。茅台配送网络体系升级的思路是，实体网络和虚拟网络相结合、自营店和经销商网络相结合、国内与国际网络相结合、专卖店和综合酒行网络相结合，加强终端信息的及时处理。

为解决配送问题，茅台在全国设置了五大仓库，避开运输繁忙期运输成本的上涨，在运输紧张的时候茅台酒厂甚至动用过军车来运输。这样一来，茅台的运输配送环节反而显得稳定而高效。“我们运酒的车都安装了 GPS，利用卫星系统监控，每瓶酒在哪里打开，在哪里下货都可以实现监控。” 茅台负责人表示，茅台酒包装采用了世界上最为先进的信息防伪技术，每一瓶酒的流向都能在终端获得准确定位。

**4. 特色营销**

2011 年 4 月初，茅台股份给经销商发布了限价令，规定 53 度飞天茅台的市场供应指导价为 1 519 元。2010 年以来，茅台股份多次限价，均形同虚设。因而如今统一“一口价”。“自营店远比之前经销商想象得更猛。”茅台销售公司有关负责人说。

为了实现规范价格与打击假酒两大重要战略，茅台将投资 8.5 亿元，陆续在全国各地开设 31 家自营店。茅台自营店由茅台销售公司全资成立，各省市自营店均以分公司的形式出现，注册资本少则 200 万元，多则 1 亿元。自营店店堂不少于 100 平方米，加办公和仓库总面积在 3 000 平方米左右。2011 年年底，茅台销售公司就开始在全国各地购置地块。目前，在重庆、上海、福建、甘肃、湖北、辽宁等地已买地运作，这和大多数专卖店靠租赁门面大相径庭。

更让经销商忌惮的是，自营店的茅台酒供应量大多数在 10 吨、20 吨或 30 吨，而全国上千家茅台专卖店，通常厂家一年只能供应三五吨茅台酒。“自营店能销多少酒不是最终目的，茅台股份利润的增加，主要还得依靠经销商。”茅台销售公司负责人说。为顾及经销商，茅台自营店店招和茅台专卖店几乎一模一样。唯一的区别在“贵州国酒茅台销售有限公司”企业名。为了不和传统经销商直接竞争，茅台销售公司要求，自营店开在发达城市的新区，和专卖店相隔 3 千米以上，自营店的酒直接面对终端，不得把酒转手卖给名烟名酒店，在团购市场优先考虑传统经销商等。

鲜为人知的是，茅台股份有网上商城，可以卖飞天茅台。但其进军电子商务几年来，业绩鲜有起色。配送安全一直困扰着茅台股份。茅台经销商曾流传，有客户到一五星级酒店提货，货从酒店库房拎到前台，真茅台都被调包了。

“自营店毕竟是厂家的店和人员经营，而且全程监控，这会极大促进网上商城的发展。”茅台股份相关负责人说。茅台股份还在讨论是否和国际大卖场合作，如厂家直供茅台酒到家乐福、麦德龙。目前，大卖场均依赖批发商进货。遇到货源紧张，批发商常有断货情形。一旦茅台厂家直供茅台酒给大型商超，不仅可以保证货源稳定，还可大幅增加企业利润。

## 第四节　苏宁背后的力量

### 一、苏宁概况

1990 年，苏宁创立于南京。截至 2011 年年底，连锁网络覆盖中国大陆、中国香港和日本地区共 600 多个城市，拥有 1 700 多家连锁店，员工 18 万人。作为国家商务部重点培育的“全国 15 家大型商业企业集团”之一，苏宁名列中国民营企业前三强，入选《福布斯》亚洲企业 50 强、《福布斯》全球 2000 大企业、中国零售业第一，品牌价值 815.68 亿元。2004 年 7 月，苏宁电器（002024）在深交所上市，成为国内首家 IPO 上市的家电连锁企业，市场价值位居全球家电连锁企业的绝对前列，荣获“中国最佳企业管治奖”“中国最具投资价值上市公司奖”“中国最具竞争力上市公司”等诸多荣誉。

苏宁对物流的管理能力强。首先，苏宁电器的经济实力雄厚，为其实施自营物流奠定了良好的基础。其次，苏宁从建立之初就坚持自己发展物流的道路，积累了大量的资产和经验。从 20 世纪 90 年代开始，苏宁一直在不懈地努力完善自身的物流系统。目前，苏宁的物流体系中包含 1 个面向全国的物流中心、20 多个区域物流配送中心以及各城市零售配送中心，覆盖近 30 个省份 200 个城市，日最高零售配送能力超过 20 万台，完全实现了电子化、信息化，进一步提升了物流系统的网络化，在国内商业零售领域首屈一指。苏宁作为我国家电零售行业的先行者，它的发展在行业起到了巨大的标杆作用，对它的物流模式的分析也对我国其他企业的物流选择有一定的启示作用。虽然目前我国大多数公司的物流服务许多都是通过第三方实现的，但是随着企业的不断壮大，经济的不断发展完善，自有物流一定会成为一个不可逆转的大趋势。

## 二、苏宁的全程供应链

苏宁建立的是一种全程供应链模式。所谓全程供应链，是指从端到端，从客户开始到客户结束，不仅包括与供应商之间，也包括企业内部以及与下游消费者之间的环节。如果通过信息系统来支撑全程供应链，就意味着苏宁的信息系统，不仅是指上游的 B2B 系统，还包括内部的 ERP 系统、下游的 B2C 以及后续实施的 CRM 系统、HR 系统、财务共享中心系统等。

1990 年创立时，苏宁是做批发业务的。1999 年苏宁开始向综合家电品类拓展，向全国性零售连锁模式转型，制定了全国连锁的规划。而当时间推移到 2000 年，苏宁开始确定战略，走向全国连锁发展时，苏宁并没有盲目地大范围扩张，而是做了两件事：第一，企业组织架构业务流程的再造；第二，在此基础上，实施了一套 ERP 系统。在组织、流程和信息系统的支撑下，苏宁开始向全国发展，并逐步摸索连锁发展的一些管理方法和经营手段。早期的 ERP 系统更像是一个简单的进销存系统，苏宁最初引入 ERP 系统只是为了解决采购、销售、库存的实时协同问题，最主要的目的是解决“负卖”的问题。在 ERP 系统上线之前，因为各地库存信息无法做到实时共享，经常会发生库里已经没有货了，前台店面却在不了解这个信息的情况下依然开票销售的情况。2000 年 ERP 系统的上线，使苏宁在一定程度上摆脱了纯手工作业，但是因为 ERP 系统本身存在的问题，当企业突飞猛进发展时，系统越来越难以承载巨大的业务流量。而且整个系统的建构思想是集中在对业务流的关注上，属于供应链模块管理，却不是真正意义上的资源计划管理。2005 年，为了满足发展的需要，苏宁开始考虑更换系统，最后选择了德国 SAP 公司的 ERP 软件。这个软件几乎满足了苏宁公司所有的需求。有了一个好的软件，还需要一个好的咨询服务机构，这就好比你有一本好的剑谱，还需要一个好的师傅来指导。苏宁经过慎重选择，最后决定聘请 IBM，一个由 SAP、IBM、苏宁共同参与的项目上马。SAP 负责软件服务、IBM 负责咨询、苏宁负责执行。执行是一个艰巨的过程，苏宁依靠自身的文化，依靠员工的付出，成功上线了 SAP/ERP，创造出了上线规模最大、上线时间最短的两项世界纪录，使苏宁信息系统进入第四代。

目前，苏宁已经实施了 ERP 系统、网站系统、商品管理系统、资金管理系统、短信平台系统、POS 系统、办公自动化系统、HR 系统，以及针对最终消费者的 B2C 系统和服务上游供货商的 B2B 系统。而每个系统都是独立的，这就需要一个工具来整合它们。在 IBM 的建议下，苏宁采用了 IT 界里非常先进的 SOA 架构理念，将这些各自独立的系统通过 SOA 理念整合在一起，推动苏宁全程供应链的发展与完善。

## 三、苏宁的高效物流

苏宁在发展之初就确立了自建体系、自主管理的方针，并迅速建立了一个覆盖全国的物流配送网络。过去，苏宁物流的功能定位是伴随保障，“仓库”都是以地级市为单位的，有的地方甚至到了县级市，比较分散。仓库之间关系平行，功能雷同，SKU 同质，仓库和仓库之间的补货活动非常少，仓库设施设备简单，平地堆码为主，主要依靠大量的人力来满足服务的要求。运作策略比较粗放，各仓库都存在占用大量物流资源包括周转率极低的慢销品库存。

在意识到曾经支持连锁发展初期的分散型物流网络体系已经成为新阶段“做强后台”发展策略下的负担，苏宁总结出亟待解决的四个问题：首先是资金占用成本大；其次是流通困难，店铺可售产品受到仓库内品项的限制；再次是物流设施设备简单，不能形成物流作业的高效率和最低成本，规模效应不足，是不能够采用现代化的物流设备的关键因素；最后是采购分散，集中性的采购很难实施。与供应商的讨价还价能力较差，很难形成在整条家电供应链上面的话语权。

“超前的信息化、大规模建造物流中心、进行上下游的管理”是苏宁物流管理的核心理念。在苏宁看来，如果没有物流，商品交换的实质也就不复存在。物流是企业应该加“重”的一部分。苏宁的物流已经经过了三代的发展，到现在已经出现了全自动化的第四代物流。在物流方面，苏宁做了很多信息化的改造，如核心的 WMS 及 TMS，这让苏宁突破了人力的局限，也大大提高了物流效率。事实上，苏宁在飞速发展的过程中，企业越来越庞大，业务量也越来越大，相应地，苏宁的物流工作量也越来越大。而苏宁的物流工作量之大，光靠人力是根本无法胜任的，只能通过现代化、技术化来实现高效管理。

苏宁电器的物流系统建设以“网络集成化、作业机械化、管理信息化”为发展目标，在全国若干大中城市建立了以区域物流中心为核心的仓储和长途运输网络，城市间最大配送距离达到 100 千米；在各地建立城市配送中心、配送点，零售最大配送距离达到 180 千米。依托区域配送中心、城市配送中心和城市配送点三级物流网络形成了长途配送到市、短途配送到店、零售配送到户的三级体系，日最大配送能力 15 万台/套。目前，苏宁电器在全国拥有 3 大物流基地、52 个区域配送中心、29 个城市配送中心、12 个城市配送点。243 个物流配送终端建立刊文、发、存、运、送的供应链管理信息系统，所有物流信息通过系统在连锁店、仓库、配送点之间准确、高速地传输，实现商品销售后快速配送到区域内任何地点，实现了高效率、低成本下的物流运作。

### 1．入库商品编码管理

到目前为止，苏宁电器经营的商品涉及空调、冰箱、彩电、音像、小家电、通信、电脑、数码等 8 大品类，上千个品牌（包括自主品牌），20 多万个规格型号。为了管理好这些商品，确保各项物流作业准确、迅速地进行，公司对进入物流配送中心的所有商品进行了分类编码。根据家电商品的特性，苏宁电器的商品编码由 12 位数字组成，前 4 位为年份，中间 4 位为商品品种大类，最后 4 位是商品品种小类以及厂商编码，以确保商品编码的唯一性，使各项物流活动的执行更加有针对性。在具体操作上，当一种新商品进入苏宁电器的销售系统中，入库时系统会先为其分配一个商品编码，再根据具体的商品价格、品牌、型号等信息将该产品录入苏宁电器的进销存系统中。新商品进入物流中心库房，由入库人员打印出该产品的标签，标签内容包括产品编码、产品名称、零售价格等。通过商品编码管理进行相关物流作业，尤其是拣选、复核作业操作时，使用手持终端进行数据读取和录入，在很大程度上降低了差错率，保证了配送商品检验、核对作业的合理化，大幅提高了物流作业效率。

**2. ABC 的库位管理**

利于拣货作业，提高拣货效率是苏宁电器物流配送中心的重要设计原则。随着经营商品种类的不断增加，以商品大类划分区域进行库存管理的方式开始在库位管理的灵活性、拣货效率等方面暴露出种种弊端。通过对出货资料的调查分析，公司尝试根据各种商品的销售情况进行分类，把销售量占总销售量 70%以上的商品定义为 A 类商品，占 20%左右的定义为 B 类商品，占 10%左右的定义为 C 类商品。并且，从出库的方便程度考虑，在仓库内规划相应的 A 区、B 区和 C 区。同时，借助 WMS 系统，按照拣货效率最高的优化原则自动调整相对货位。

“作业机械化、管理信息化、网络集成化、人才知识化”，苏宁物流建设通过实现更高程度的“四化”，在物流业务上实现更精细化的管理，实现“在正确的时间将正确的商品送到正确的地方”的物流标准。

## 第五节　其他公司物流战略规划案例

### 一、京东物流战略规划

京东自 2009 年开始物流布局，先后建立了四大物流中心，分别位于华北、华东、华南和西南，并在全国多个重点城市建立了配送站。2009 年，京东在上海投资成立快递公司，提供物流配送、POS 刷卡等服务，用来缓解重要地区第三方物流速度慢、服务差等问题，扭转线上顾客购物体验低的现状。2010 年 4 月，京东自营配送模式在全国首推“211 限时达”服务，每天 11 点以前下单，晚上 11 点以前客户收到购买的商品。这一服务大大缩短了产品送达时间，使京东消费者大量增加。自营物流也使京东能够最大限度地满足消费者需求，如根据京东 2019 年春节物流服务公告，京东物流连续七年推出“春节也送货”的运营举措，而此时，多数物流公司已经放假了。除了 B2C 业务外，京东也积极参与零售业 O2O 的竞争。由于有自营物流的优势，京东与好邻居、美宜佳等上万家便利店合作，弥补了其纯线上、缺线下门店的劣势。目前，京东毫无疑问是电子商务企业中自有物流覆盖面最广的企业。截至目前，京东的物流体系包含的业务包括针对消费者的业务和针对平台商家的业务，覆盖全国 40 多个城市的“211 限时达”、覆盖全国 248 座城市的“次日达”，以及正在发展中的“极速达”“夜间配”和“自提柜”为消费者提供服务；为平台商家则提供操作规范的逆向物流以及上门取件、代收货款等专业服务。为了全面满足客户的配送需求，京东商城打造了万人的专业服务团队，拥有四通八达的运输网络、遍布全国的网点覆盖以及日趋完善的信息系统平台。目前，京东已经在全国 360 个大中城市开通了配送业务，拥有近 1 000 家配送站。自提点、社区合作、校园合作、便利店合作等多种形式可以满足诸多商家和消费者个性化的配送需求。

## 二、福州市邮政公司物流战略规划

中国邮政集团公司福州分公司（以下称福州市邮政公司）是一家国有独资企业，地点位于华林路 259 号。公司主营业务：报刊发行业务、电子商务业务、包裹寄递业务、金融业务、邮票发行业务、机要通信业务、物流业务、第三方代理业务、现金汇兑业务、符合国家规定的其他业务。

公司的跨境电子商务项目组创办于 2015 年 3 月，项目组共 7 人。目前主要依靠阿里巴巴速卖通、WISH、敦煌网等第三方交易平台进行跨境电子商务 B2C 业务。目前，经过 2 个月多的试运营，月均订单量稳定，月成交金额大约 5 万元，邮费金额大约为 3 万元。试运营期间，公司的物流都使用邮政企业内部的邮政国际小包。但随着项目的逐渐壮大和外部国际物流市场业务的多元化，仅使用邮政国际小包逐渐无法满足跨境电子商务项目组的需求，项目的发展也逐渐碰到瓶颈。在此形势下，急需制定一个适合项目发展的物流战略。

### 1．初期物流战略及目标（2015—2018 年）

根据竞争对手分析得出结论，规模小的公司往往选用快递包裹模式和第三方物流模式。在项目的运营初期，福州市邮政公司的订单量和订单金额都不太稳定，类似于小规模跨境电子商务企业，因此在物流模式上更倾向于选择快递包裹模式和第三方物流模式。

福州市邮政公司与多个第三方物流公司有着良好的关系，因此项目组在运营初期将使用第三方物流模式，与当地知名的第三方物流企业签约。将物流业务外包，有助于部门在运营初期能够更快地步入正轨，同时因为之前保持有良好的关系，有助于减少因为沟通摩擦产生的额外成本。

项目在运营初期，除了拓展市场，进一步扩大订单量和订单金额之外，在项目内部也逐渐建立了完善的运行制度和管理制度。初期三年的运营目标是，在速卖通平台上每日累计成交订单 100 ~ 200 个，至 2018 年，全年跨境营业额达到 400 万元。

### 2．远期物流战略及目标

经过三年的发展，项目在这个阶段的营销额和订单量已经稳定，因此整个项目更加类似中等规模的跨境电子商务企业，使用第三方物流模式所带来的订单量和交易额达到瓶颈。因此，到了这一阶段，为了进一步降低成本、拓展订单数量和交易额，项目组将逐渐由第三方物流模式转换为海外仓模式。原因有以下几点：

（1）从政府支持跨境电子商务的大趋势来看，2018 年以后海外仓的价格逐渐降低，届时海外仓模式的初期投入将进一步降低。

（2）国际物流市场的竞争将会进一步加剧，所造成的结果是国际物流市场价格不稳定，将直接影响项目运营的收益。但是海外仓并不是以国际包裹的形式出境，所以不受国际物流市场的影响。

项目也将选择主营市场，确定海外仓的地址，进一步完善运营制度和管理制度。通过第二阶段两年的努力，公司邮件日处理量保持在 7 000 件以上，营业收入超过数亿元。

## 三、中铁特货南昌分公司冷链物流战略规划

对中铁特货南昌分公司冷链物流进行分析，利用物流相关知识，从企业资源能力和企业竞争能力、企业发展战略理论等方面对企业的内外部环境进行分析，从而形成公司的战略选择与定位，得出以下结论：

（1）借助中铁特货南昌分公司管内赣闽两省是我国经济商圈中的中心区域，连接着我国长江三角洲、闽南金三角洲和珠江三角洲的地理环境优势，和“十三五”规划纲要中《关于促进冷链物流业健康发展政策措施的意见》和南昌政府的“两帮两促”政策，以及福建省出台的《福建省冷链物流发展规划（2016—2020）》《福建省人民政府办公厅关于促进冷链物流加快发展六条措施的通知》等系列文件的政策环境优势，扩大市场份额。

（2）转变和创新开放的经营模式、各级供应链的资源整合、冷库基地建设的优化布局是中铁特货南昌分公司冷链物流发展的重要战略举措。

（3）公司要真正实现现代物流管理就必须充分发挥信息技术和网络优势，完成规模化、信息化、网络化的大数据跨越。

（4）引进和培养创新型技术管理人才，是中铁特货南昌分公司冷链物流可持续发展的关键。

总之，顺应市场需求、利用市场经济发展的良好环境，抓住现代物流发展的有利机遇，准确定位、扬长避短、灵活多变、不断创新，是公司向现代物流拓展，以现代化的冷链物流为强有力的支撑，是全面推动中铁特货南昌分公司战略转型、创业发展的有效途径。

# 第八章　物流节点规划代表案例

物流节点规划代表案例如表 8-1 所示。

表 8-1　物流节点规划代表案例

| 物流节点 | 美国 | 欧洲 | 日本 | 中国 |
| --- | --- | --- | --- | --- |
| 物流园区 | 普洛斯物流园区 | 德国不莱梅物流园区、英国盖世理生态物流园区、意大利 QE 物流园区 | 日本东京物流基地、日本大柳物流园区、日本山梨物流园区 | 北京通州物流基地、上海外高桥保税物流园区、深圳平湖物流园区 |
| 物流中心 | 达拉斯物流中心 | 德国铁路货运中心 | 横滨港物流中心、菱食立川物流中心、日本临空城物流中心 | 沈阳保税物流中心、闵行国际物流中心、成都新都物流中心 |
| 配送中心 | 沃尔玛配送中心、美国加州食品配送中心、美国福来明公司的食品配送中心 | 德国 Quelle 配送中心、英国 Boots 的药品配送中心、Logwin 奥地利服装配送中心 | 阪神配送中心、大阪物流配送中心、富士配送中心 | 永乐家电配送中心、上海华联超市公司配送中心、中百集团物流配送中心 |

## 第一节　上海外高桥保税物流园区

### 一、园区简介

上海外高桥保税物流园区是国务院批准的首家区港联动试点项目，全国第一家保税物流园区，也是上海市“十五”期间重点规划的现代物流园区，享受保税区和出口开发区的相关政策。它于 2004 年 4 月 15 日经海关总署联合验收小组验收通过，封关运作面积 1.03 平方千米，总投资 28 亿元。其被赋予国际中转、国际采购、国际配送、国际转口贸易和税收等功能。园区在营运中以管理创新、功能创新、技术创新为动力，以优化营运环境为目标，构筑出航运、港口、物流园区联动发展的新框架。

### 二、园区位置

上海外高桥保税物流园区位于上海东北端，濒临长江口，处于长江与东海岸线的交汇点，处于我国改革开放最前沿的上海浦东新区，与外高桥港区连成一体，距离外高桥保税区仅有 3 千米，距虹桥国际机场 40 分钟车程，距浦东国际机场 20 分钟车程，距上海火车站 35 分钟车程，距地铁 2 号线浦东终点站 20 分钟车程。园区比邻外高桥二期码头，设有直通卡口直接相连，实现了真正意义上的区港联动。

## 三、园区运营情况

外高桥保税物流园区现有世界500强企业，如GE、美孚、霍尼威尔、索尼、东芝等在园区内开展业务；还有世界著名的物流企业，如德国邮政DHL、荷兰世天威、日本的日通、新加坡的太平名威、香港的东方海外等。其中有从事国际国内商品采购、配送及分拣、分配、分销的跨国采购中心；从事国际国内中转、多国多地区快速集并和国际联合快递业务的国际航运集团；从事仓储自动化、包装标准化和配送高效化的现代物流服务和临港增值服务的第三方物流企业。园区自正式封关运作以来，通过政府主管部门、海关、国检、国税、外汇银行、企业、港口、代理公司之间的电子联网，实现信息共享，港区与园区一体化。园区出口退税政策优势日益凸现，国际中转、国际配送、国际采购中心、国际转口贸易等业务稳步发展，通过“一次申报、一次查验、一次放行”的通关模式，信息流与货物流相统一、通关管理与园区仓储联网相统一、关区代码与贸易方式相统一的运作模式，通过网络技术在园区构建关、港、贸信息集成平台，实现EDI无纸报关、无人自动卡口放行、备案货物无EDI事后交单的信息共享模式，将园区管理、卡口管理、港区管理融为一体，实行港、区联动综合管理。物流园区通过整合港区和保税区资源，园区和港区开辟海运直通式通道，实现“区港联动”，促进货物在境内外快速集拼、流动和集运，带动信息流、资金流和商品流的集聚和辐射。

园区内的主要业务是“园区出口一日游”。一日游是中国政府鼓励出口政策下的产物，沿袭了20世纪90年代的“出口转内销”的操作模式。只不过中转地点换成了物流园区，从原来的海运至香港，到现在的陆运至附近的保税物流园区，从过去的几天到现在一天的押车操作。这样的操作无疑降低了企业的运输成本和时间成本。其业务模型如图8-1所示。

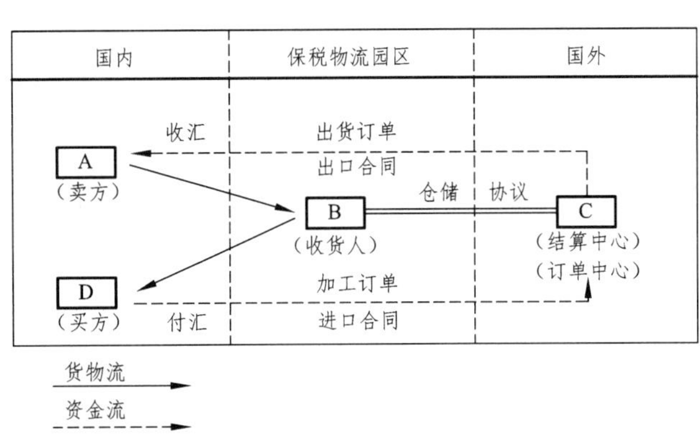


图8-1 “园区出口一日游”示意图

园区除了具备“园区出口一日游”业务外，还有区港联动的海运直通业务，但由于其具体操作烦琐，价格无优势，操作时间过长，相对于红红火火的“园区出口一日游”业务就显得有些生意冷清。

在国际采购业务上，上海海关对进出外高桥保税物流园区的货物实施了“分批进出区，集中报关”的业务模式，简化了原有操作模式，大大提升了物资流动速度。多家企业开展“分批进区，集中报关”的模式通关。“分批进出区，集中报关”通关模式较好地满足了企业即时生产配送的需求，受到区内企业欢迎。索尼公司和惠普公司利用该模式开展笔记本电脑与零配件 24 小时配送业务。

作为全国第一个保税物流园区，上海外高桥保税物流园区在维持一日游业务的同时，利用与港口临近的地理优势，加快脚步，完善物流园区与外高桥港区及洋山港区的“区港联动”业务，在激烈的保税物流行业竞争中保持了较强的竞争力。同时，政府与海关也给予物流园区政策扶持，使外高桥保税物流园区完全发挥出自己的优势，为自身和诸多客户进行更优质、更高效的服务。

## 第二节　日本临空城物流中心

日本以中部国际机场、关西国际机场、东京成田国际机场为依托，分别规划建设 3 个现代航空物流区。

### 一、中部临空都市

中部临空都市是邻近日本中部国际机场的现代临空产业/城市的联合体。都市由 2 个区域组成：发展区（约 1.07 平方千米）位于机场岛，即伊势湾海上；空港对岸区在机场岛对岸（约 1.23 平方千米）的陆地上。

空港岛发展区主要分为临空生产区、港湾交流区和综合物流区。其中，综合物流区占地 0.32 平方千米，集中发挥国际物流的综合功能，如推进、配送、贮藏、分配、流通加工、展示和贸易的基础设施，并提供机场支持功能（清洁、飞行时的配餐、飞机配件的修理和维护）。

空港对岸区主要分为港湾区、中央区、生活文化区、研发生产区。其中，港湾区占地 0.13 平方千米。由于其独特的海、陆、空交汇的地理优势和高效的配送设施，该区将发展成为重要的现代物流区。

### 二、关西临空都市

关西国际机场位于大阪湾东南泉州海面 5 千米，是一座填海建成的 24 小时运行的海上机场。机场自 1994 年 9 月开港以来，其客货量不断增长。作为大阪关西地区的新的空中大门，它发挥着重大的作用，成为代表日本航空运输的国际枢纽机场。为了加强和完善机场性能，改善周边环境，振兴地方事业，日本在关西机场对岸建设了临空城（Rinku Town）。临空城面积为 3.184 平方千米，其中物流区的面积近 0.25 平方千米，包括国际航空货物运输服务机构、物资与保税仓库；24 小时货物装卸基地支持海、陆、空的物流。临空国际物流中心是日本西部规模最大的处理国际航空物资的地方。

### 三、东京成田国际机场物流联盟

成田机场于 1978 年 5 月开航，是日本空中交通的中心，也是日本经济增长的主要因素。2002 年成田机场的货物吞吐量 203 万吨，2003 年达 215 万吨，到 2018 年达 228 万吨，排名世界机场前列。20 世纪 80 年代后半期以来，成田机场的航空货运量就一直增长，航空货运设施一直处于过饱和状态。为了解决这一问题，成田机场管理局进行了一系列的动作。

**1. 建立成田国际物流联盟**

成田国际物流联盟是由千叶地方政府的公共企业部门推动并组建而成的，共占地 78 万平方米，包括成田在内的 3 个城市、9 个市镇和 1 个乡被批准建设成临港区域的国际物流中心。公共企业部门下属的工业园区有：位于 Shibayama 的机场南工业园区和位于 Yokoshiba 的 Yokoshiba 工业园区。2002 年，千叶政府申请开辟一块机场特区作为体制改革的试点。特区有更加宽松的政策环境，允许建立和运营独资的私营企业。

**2. 兴建机场周围的货运设施**

近几年来，在成田机场外围，由大型货代公司运营的保税货运设施也快速增长，机场南工业园区现在成为货代企业的物流中心。2003 年 9 月，有 25 家公司在机场周围 5 千米辐射范围内的 28 个地方建造了仓库，总面积达 26 万平方米。这差不多与机场所占的 26.59 万平方米的面积相等，可以很好地缓解机场的阻塞压力。仓库选址相对集中，特别是在机场南工业园区，位于机场南面 1 千米的地方，货代公司形成了一个物流园区。一家大型的美国房地产公司建造了占地 5 万平方米的物流设施，并在 2003 年 9 月 29 日投入使用。

**3. 整合原木物流园区**

原木物流园区是日本著名的四个物流园区之一。通过原木物流园区的整合，每天进出成田机场的车辆从原来的 4 000 辆下降到 300 辆。原木物流园区提供与机场类似的监管仓库和物流设施，设有地区海关，并提供监管运输。货主和承运人可以自由选择在原木或成田机场通关。日本成田机场管理局事实上拥有园区内部的主要物流设施（如货站、货物大楼和仓库等），拥有专营权的日航、国际航空物流货站公司（IACT）负责向航空公司提供服务。作为回报，日航和 IACT 每年必须向机场当局缴纳专营费。这一费用和其他设施出租的费用占成田机场收入的 31%。

## 第三节　德国 Quelle 物流配送中心

Quelle 是欧洲最大的百货邮购公司，隶属于 Karstadt Quelle 集团。Karstadt Quelle 集团历史悠久，可追溯至 1881 年 Rudolph Karstadt 在 Wismar 创办的第一家初具规模的百货店。100 多年来，该集团规模不断扩大，并在世界同行业中逐步确立其主导地位，在服装、体育用品、家居产品、出版物、光盘等各个领域引领市场潮流。Karstadt Quelle 集团总部设在德国 Essen，目前已在世界几十个国家和地区设立了办事处，负责采购业务。它在德国莱比锡市的物流配送中心是欧洲最大的邮购零售配送中心。

作为欧洲最大的邮购零售配送中心，Quelle 配送中心具有如下特点：

## 一、规模巨大

1991 年，Quelle 公司在莱比锡一个报废的飞机场上创建了商品配送中心，占地 0.72 平方千米（有四个足球场大）。配送中心包括：数据处理中心、全自动化立体仓库、预分拣车间、配送车间、集装箱堆放场、货车卸货入口（40 个）、包装处理车间、再利用工厂等。中心的全自动化巨型立体仓库的体积就达 75 万立方米（相当于两个体育馆），自上而下排列着 40 个存贮槽（立体货架）。40 个高大的机械手在计算机的指令下，分别通过 67 万个标准托盘和 4.2 万个特型托盘，把商品准确地传送到指定货架格眼里。立体仓库总存贮量达 220 万件。

## 二、自动化程度高

Quelle 配送中心由数据处理中心控制，绝大多数工作流程由计算机进行管理和监控。商品从进库开始就受到摄像镜头监控检验，合格后自动贴上条形码标签，通过传送带运送到立体仓库定位存贮。配送中心进货、存贮、分拣、发送都采用计算机处理，完全自动化。分拣车间和配送车间也都是用传送带连接的，大厅上下几层到处是纵横交错的传送带，传送带把商品自动地传送到指定的货架上。只有少数分拣员对一些特殊用户（如一种商品只需一两件的）进行手工分拣、包装。

## 三、采购和发送网络齐全

Quelle 物流配送中心在全世界各地设有 90 多家子公司负责商品采购。采购的商品来自世界各地，其中 60%的商品来自欧洲，30%的来自东南亚。有 30%的商品是通过铁路运输的，其余 70%的商品通过集装箱车辆运输。立体仓库设有 40 个进货闸口，每天可接收 9 万个集装箱的商品进货。配送中心拥有零售网点多达 1 万多个，可提供 16 万种日用、纺织、电器、电信器材、珠宝、家具、玩具等商品。配送中心把公司定位为专门从事商品配送业务，商品的投送交给德国邮政。

## 四、快捷方便、价格低廉

Quelle 配送中心为方便用户选购所需商品，每年都要编录印制两大本彩版商品目录，每本约 1 300 页，介绍商品达 6 万多种。用户只要在家中翻开商品目录，按照编码及要求打一个电话（占订货方式的 75%）、发一个传真（占 20%左右）或发一个电子邮件（占 10%左右）就可以了。配送中心接到用户订单后 4 个小时内可将用户所需商品配好待运，第二天通过当地邮政部门投送到每个用户手中。用户收到商品后，在一定时间内通过银行向 Quelle 公司结算有关商品费用。这样极大地方便了用户。

## 五、用人机制灵活，节省人力费用

Quelle 配送中心自动化程度特别高，员工人数很少，仅为 2 300 人。尽管员工人数少，但其用人机制却很灵活，值得我们学习和借鉴。Quelle 配送中心的业务量分淡季、旺季，一般在圣诞节、复活节、新年等重大节日前后日吞吐业务量最多，这时公司会多雇佣一些工人，业务闲时就组织职工回家休息。员工的报酬采用计件工资制，实行多劳多得，大大激发了员工的工作热情。

# 第九章　物流线路运营代表案例

物流线路运营代表案例如表 9-1 所示。

表 9-1　物流线路运营代表案例

| 运输方式 | 全球知名运营企业 | | | | |
|---|---|---|---|---|---|
| 铁路 | 德国铁路股份公司 | 美国联合太平洋铁路公司 | 美国北伯林顿三塔铁路公司 | 美国 CSX 运输公司 | 加拿大国家铁路公司 |
| 公路 | 美国 CNF 运输 | 美国施耐德物流公司 | 法国捷富凯物流 | 美国沃纳企业公司 | 日本大和运输公司 |
| 航空 | 德航汉莎货运 | 法航货运 | 大韩航空 | 日本货运航空公司 | 荷兰皇家航空货运 |
| 水运 | 马士基 | 中国远洋 | 德国哈帕罗德航运 | 新加坡东方海皇 | 荷兰铁行渣华 |
| 管道 | 英国伦敦城市管道邮政系统 | 美国的 BlackMersa 煤浆输送管道 | 荷兰 OLS-ASH 系统 | 纵贯阿拉斯加管道 | 科洛尼尔成品油管道 |
| 复合运输 | 中海集运 | 瑞士泛亚班拿 | 中铁国际多式联运有限公司 | 瑞士德讯海空运 | 中外运 |

## 第一节　德国铁路股份公司

### 一、公司简介

德国铁路股份公司（DB）是德国联邦铁路和德国国营铁路于 1994 年合二为一成立的，由此实现了德国铁路的私有化。如今，它已是世界上最大的旅客和物流运输公司之一，业务遍布 130 个国家。每天，公司有将近 276 000 名员工在致力于为世界各地的客户提供流动以及物流服务，同时控制和运营着包括铁路、公路、海洋和航空货物运输在内的相关运输网络。在公司 2011 年度的财政统计中，其营业收入约为 379 亿欧元，除去特殊项目外，其运营利润也到达了 23 亿欧元。2019 年，其营业收入高达 444.31 亿欧元，净利润 6.8 亿欧元。

公司总部位于德国柏林的波兹坦广场，公司的组织结构以及核心业务主要是旅客运输、物流运输、基础建设和客户服务。公司运营线路达 33 723 千米，桥梁 27 315 座，隧道 798 条，客运站 5 700 座，每年列车运送旅客 19.8 亿人次，货物运输量 4.154 亿吨，在 130 个国家有近 2 000 个分支机构。2019 年公司的铁路客运量和旅客周转量分别超过 26 亿人次和 984 亿人千米，其中长途客运量再创历史新高达 1.51 亿人次，实现五连增。

公司的铁路运营主要还是在德国境内，作为其核心业务，每天大约要运输 700 万名乘客和 1 138 000 吨货物，除此之外，每天还有超过 200 万的旅客通过乘坐 DB 的大巴车出行。每天 DB 在其 33 000 千米的现代化铁路网络上运营着超过 26 000 列火车，并且这个铁路网络同时还向它的竞争者开放。DB 的战略焦点是，除了加强其国际化的运营活动外，还将各种运输方式连接起来，建立了多种运输方式交叉的复合运输方式。如今的市场，从单一资源获得既有效率又环保的服务的需求越来越大，因而开展复合运输也是公司应对市场变化挑战的主要方式。德国铁路股份公司在全球化趋势、气候变暖、资源短缺以及放松管制的大环境下，正在提供面对全球的企业经营服务。

## 二、物流战略

2005 年 10 月，当业界传出伯灵顿环球（Bax Global）被出售的消息，紧接着又传出其收购者来自德国的时候，人们纷纷猜测，莫非刚刚收购了英运（EXEL）的德国邮政再次出手了？一个多月后，当整个收购已尘埃落定，人们才惊讶地发现，这次事件的主角并非德国邮政，而是名不见经传的德国铁路股份公司。

有着 150 多年历史的德国铁路股份公司是隶属于德国政府的国有企业。1994 年，德国铁路股份公司开始从联邦政府中逐渐脱离出来，开始私有化改革。由于政府的不断干涉，企业内部意见不一，再加上各种历史原因，德国铁路股份公司的私有化道路走得并不顺畅，现在仍处于改革的最后阶段。

按照早期的构想，德国铁路股份公司的上市时间原定为 2005 年。同为国有企业的德国邮政在私有化改革 10 年后就实现了上市，但德国铁路股份公司由于连续几年的亏损和高额债务，其上市计划一拖再拖，最终成为泡影。

对于德国铁路股份公司来说，其客运业务的发展严重阻碍了它的改革进程。德国客运市场已连续 4 年萎缩，而且随着越来越多廉价航空公司的出现，德国铁路股份公司在长途客运方面的市场份额也在不断减少，这也是德国铁路股份公司连续 3 年总亏损超过 8 亿欧元的关键原因（2001 年亏损 2.04 亿欧元、2002 年亏损 4.54 亿欧元、2003 年亏损 1.72 亿欧元）。另外，作为国有企业，德国铁路股份公司的改革过程也受到政府的干涉，要完全脱离政府有很大的困难。

当客运业务不断受挫，德国铁路股份公司把目光投向了物流市场。2003 年 10 月，德国铁路股份公司收购了德国物流巨头施廷内斯（Stinnes），并把原来旗下的货运公司（DB Cargo）整合到施廷内斯中。施廷内斯使德国铁路股份公司的货运量增加，在 2003 年就贡献了 2.88 亿欧元的营业收入，大大弥补了德国铁路股份公司的损失，及时扭转了德国铁路股份公司的亏损趋势。

在此次收购伯灵顿事件以前，很多人对德国铁路股份公司都知之甚少。因为其物流业务都是通过辛克物流（Schenker）（也被称为“全球货运”）进行的。辛克物流是世界知名的国际货代企业和第三方物流公司，在全球第三方物流收益榜上高居第二，其业务范围涵盖货代、物流整合服务、供应链管理方案，甚至奥运、展会等特殊的物流服务。更因其多次承接奥运物流而扬名国际物流界。

德国铁路股份公司与辛克物流之间的渊源颇深。有着 130 年历史的辛克起源于奥地利维也纳，1928 年把总部搬到德国首都柏林，1931 年被德国铁路收购。从 1931—1991 年这 60 年里，辛克依靠德国铁路的支持和帮助，从一个立足欧洲的运输公司，发展成为全球领先的物流巨头。1991 年，由于业务的调整，德国铁路股份公司把辛克出售给了施廷内斯。12 年后，德国铁路股份公司又把整个施廷内斯买了回来。德国铁路公司的高管哈特默特·梅登称：“自从出售辛克以后，我们感到相当后悔，一直想把它买回来，现在我们终于实现了。”

在收购施廷内斯后，德国铁路股份公司把所有的物流业务都整合到施廷内斯之下，当然也包括辛克。现在，施廷内斯已成为欧洲第一的铁路运输和陆上交通公司，国际海运排名第三，国际空运排名第五，国际展会物流更是高居第一。施廷内斯旗下的业务主要分为四大块：辛克、货运物流部（Freight Logistics）、联合运输部（Intermodal）和铁路运输部（Railion）。辛克的业务量占施廷内斯总营业额的 50%以上。

辛克内部又划分为四大部门，主营普货定时运送和特殊货物流通的喷气货运（SCHENKER Jetcargo）部门，负责与航空产业对接的物流设计和服务的航空系统（SCHENKER Aeroparts Systems）部门，为船主、船公司和造船商提供专门服务的海运（SCHENKER Marine）部门，还有新开发的喷气快递（SCHENKER Jetxpress）业务部门，进行门到门的快递配送。辛克还是国际奥委会的指定货代商。据统计，雅典奥运会期间，辛克为奥运处理的空运货物超过 2 000 吨、海运集装箱 1 000 个、欧洲各地往来的满载货车 1 000 辆。

至于货运物流部，主要经营大体积货品物流，如矿藏、化学肥料等，而联合运输则以合并交通运输为主要业务。另外值得一提的是，铁路运输部（Railion）的前身是德国铁路股份公司的货运部（DB Cargo），在荷兰和丹麦都有分部，是欧洲最大的铁路运输公司，在海空联运上的发展也相当不错。

## 三、全球战略积极部署亚洲

近年来，德国乃至整个欧洲的经济发展并不乐观，客运市场萎缩，物流市场的价格战愈演愈烈，燃油成本持续高涨，多重因素导致了德国铁路股份公司的经营业绩不佳，也直接影响了其私有化改革的推进。为此，德国铁路股份公司早已把眼光放在了全球市场，其焦点定位于经济、贸易、物流的发展都最为迅速的亚太地区。

作为德国铁路股份公司旗下最重要的子公司，辛克在亚太区的发展与戴姆勒·克莱斯勒、大众等汽车生产商的扩张联系在一起。1966 年，辛克在我国香港地区成立了其亚洲分部，目前已在亚洲 20 多个国家和地区建立了近 100 外办事处和营运点。自 20 世纪 70 年代进入中国市场，辛克就开始了对中国市场的布局，在沿海的大部分城市都设有分部。在北京取得 2008 年奥运会主办权后，辛克更是了加紧了在中国的战略部署，由起初的一个单纯的货代公司向全方位物流提供商发展。

在北京，辛克在北京首都机场附近建立的物流中心于 2005 年 9 月正式落成。这个物流中心由辛克和北京国际技术合作中心成立的合资公司投资兴建，辛克在其中占有 70%的股权。该物流中心设有一个达 13 000 平方米的仓库，超过 10 000 个货盘空位和 13 个起卸区，是北京 2008 年奥运会的主要物流基地。

继首都机场的物流中心之后，辛克也将在上海外高桥保税区设立面积达 15 000 平方米的物流中心，该中心将沿袭辛克物流的传统优势，处理包括汽车、半导体、化学品和机械产品在内的大件货品。2005 年年初，辛克和施廷内斯共同发表的一份报告表示，中国第三方物流市场每年总金额达 200 亿美元，并将以每年 30%的增长速度递增。

在东南亚，辛克则以新加坡和泰国为据点辐射该地区。目前，辛克在新加坡的物流中心于 2000 年启动，提供从采购、仓储、到门到门运输的一站式供应链服务。另外，目前辛克在亚洲的网络也通过新加坡电讯铺设，可见新加坡市场在辛克眼里的重要性。而在泰国，辛克在曼谷、兰恰邦（Laem Chabang）和科列（Korat）建立了三大基地。其中，规模最大的兰恰邦物流中心，总占地面积 31 200 平方米，能提供包括看板式仓储管理、自动补货系统在内所有的物流服务。

另外，自 1996 进入印度市场后，辛克用它们著名的武器 ——SWORD （Schenker Worldwide Online Real Time Data Network，即辛克全球在线实时数据网络，SWORD 意为“剑”）打造了优质的品牌，成为印度国际货代的首选。

### 四、网络扩张

收购伯灵顿环球，是德国铁路股份公司全球战略下的重要计划。一直以来，虽然辛克在北美市场的发展良好，但与伯灵顿相比，辛克的品牌认知度仍不足。事实上，在收购伯灵顿之前，德国铁路股份公司和亚太地区的各大航空公司都保持着良好的关系。2005 年 10 月，德国铁路股份公司与台湾中华航空正式签订了参股合作协议，而在此之前，德国铁路股份公司与美洲航空、全日空航空也早有同盟协定。

而伯灵顿在北美和亚太地区庞大的网络，正是德国铁路股份公司最需要的。收购伯灵顿环球之后，德国铁路股份公司的铁路和陆路运输实力在欧洲排名第一，空运实力全球第二，海运实力全球第三。此次兼并后，另一个引人关注的问题是：德国铁路股份公司现有辛克这一优势品牌，那么未来伯灵顿环球将何去何从呢？德国铁路股份公司的高级经理 Norbert Bensel 称：“像辛克、施廷内斯这些已被大众所接受的品牌，我们会保证它们将持续地发展下去，伯灵顿环球也一样。”

2006 年，德国铁路股份公司成立物流部（DB Logistics），将旗下的运输与物流业务以及伯灵顿和施廷内斯的所有业务，全部归于 DB Logistics 的旗帜之下。据业内人士分析，伯灵顿环球和辛克在短期内仍然沿用其品牌，但从长远来看，DB Logistics 将逐步取代这些品牌，走同一品牌的全球扩张战略。最近，德国铁路股份公司又宣布要把公司总部从柏林迁往汉堡，并收购汉堡港口和物流公司。长久以来，受制于柏林的内陆环境，德国铁路股份公司的物流立足点只能是陆上，这大大限制了它的发展。而汉堡的天然港口条件和辛克、伯灵顿的陆路体系相结合，将弥补德国铁路股份公司发展受制的遗憾，加速其私有化改革进程加速。2015 年，德国铁路股份公司以简化组织架构、落实责任范围为改革重点，缩小了董事会规模（8 人减少为 6 人），形成“董事会领导，二级部门执行，相关单位开展业务”的模式。

## 第二节　美国施耐德物流公司

### 一、公司简介

美国施耐德物流公司是一家处于全球领先水平的运输和物流服务供应者，也是全美最大的卡车运输公司之一。公司由 A.I.施耐德于 1935 年在美国创建，总部位于威斯康星州的绿湾，年营业额近 30 亿美元，拥有 20 000 多名员工，业务范围遍布全球。

施耐德公司的创建与联合包裹颇为相似。1935 年，在美国的绿湾市（Green Bay），A.I.施耐德把家里唯一的汽车卖掉，买回了一台货车，施耐德公司从此诞生了。在 A.I.施耐德这位梦想家的领导下，施耐德公司渐渐进入轨道。几十年过去了，施耐德也发展成为北美最大的货运服务公司。随着公司业务越来越多元化，施耐德公司认为必须把物流独立出来，于是在 1993 年，施耐德物流公司成立了。

随着公司全球化脚步的加快，公司的全球网点分布越来越完善，但主要的战略分布是在美国、加拿大、中国以及墨西哥这 4 个国家。作为北美最大的卡车运输公司之一，巩固以及扩大北美的市场份额是公司营业收入的主要来源，而中国作为最大的发展中国家，其市场潜力不可小觑。因此，将这 4 个国家作为公司主要的战略分布，有益于公司的发展。

施耐德物流公司为客户提供了广泛的服务产品组合，公司的主营业务包括 3 个部分：货车运输、多式联运和物流服务。其中，货车运输主要提供长短途运输、出口运输、特殊商品运输和零担运输；多式联运则包括洲际间运输、区域运输和快递业务；物流服务则是为企业提供供应链管理及物流解决方案（包括运输、仓储、加工等）。

一直以来，施耐德物流是一个以技术见长的物流公司，为客户全面管理供应链中的物流、信息流和资金流。施耐德物流的服务主要分为以下 3 类：

一是物流。能提供全面外包服务的第三方物流公司，服务范围包括供应链设计、商务智能、车队管理、货运联盟等，它拥有充足的资源、技术和专家，能够整合各种不同行业的供应链，提高供应链的效率。二是技术。它独立设计了物流系统软件，为客户解决了供应链技术的所有问题。三是财务。处理的资金每年超过 70 亿元，服务范围包括收付款、审计、客户间的互动分析，实现了低廉的交易处理成本，并保证了资金的快速流动。

今天，施耐德物流在全球拥有 1 400 多个办事处，为 250 多个跨国企业提供物流服务，拥有超过 8 000 台货车，并能动用外部车辆 13 000 多台，业务遍及北美、欧洲、亚洲和拉丁美洲。在《财富》500 强中，有超过 2/3 的公司是施耐德物流的客户。另外，还有越来越多的新兴的 B2B 模式的电子商务企业采用施耐德的运输和物流服务。

## 二、公司近年发展

施耐德物流公司于 2008 年成功收购美国港口服务公司（American Port Service）。美国港口服务公司是一个立足于港口，专业负责装箱、拆箱作业、仓储和配送服务的第三方物流公司。它以提供仓储服务为主，在美国拥有超过 400 万平方尺（接近 40 万平方米）的现代化仓库，并为客户提供多种方式的运输、配送中心活动、场地操作管理、对接仓储管理、出口包装等服务。该公司总部位于乔治亚州的萨凡纳，在美国的西雅图、休斯敦、加利福尼亚等各大港口城市都有分部。而收购完成后的施耐德物流公司，将成为第一家能提供“港口到门口”服务的地面运输承运人。

收购美国港口服务公司后，将极大地提高施耐德物流公司港口物流和车辆管理的水平，并在美国的各主要港口都有配套设施，能更好地实现货物的无缝连接。施耐德物流公司在收购美国港口服务公司以后，不仅能扩大其业务范围，还能实现更低的成本、更短的交付期，并提高其适应性。

### 三、重视中国市场，积极部署中国战略

紧跟在 Yellow Roadway 之后，作为美国最大的陆路运输供应商之一，施耐德物流公司也把下一个市场目标瞄准了中国。2008 年 9 月，施耐德物流的中国代表办事处在上海成立。

在中国，施耐德物流首先推出供应链设计和相关的顾问服务。施耐德物流的客户主要来自零售业和制造业，如沃尔玛、福特汽车、通用汽车、桥牌等，都是它重要的合作者。随着这些客户在中国的采购量越来越大，他们在供应链的控制上也越来越严格。其中，最重要的一环在于把世界各地的需求和中国本地的供应融合到一起。因此，必须有物流服务商能提供可行的、实际的供应链方案。而对于物流服务商而言，他们必须了解美国和中国的市场，并在两地有强大的运输网络。

最大的挑战在于速度，因为市场的变化速度相当快。第一个进入者，若能在合适的时间以合适的价格找到合适的客户，就能长期保持它的竞争优势。这也是施耐德物流紧随 Yellow Roadway 之后进入中国的原因。

我们不难发现，2008 年 8 月收购美国港口服务，10 月又在中国第一大港、未来的世界第一港上海建立办事处，这说明施耐德物流可能在中国港口运输部署新一轮的战略。上海办事处的设立，不仅加强了施耐德物流在供应链管理方面的核心竞争能力，使其点对点的全球性货运服务的覆盖面更广，还将大大提高其港口运输的竞争力，使其在中国乃至世界占据重要地位。

## 第三节　德国汉莎货运航空公司

### 一、公司简介

德国汉莎货运航空公司成立于 1995 年，总部设在德国法兰克福，是隶属于德国汉莎航空集团的一家独立子公司。2006 年，汉莎货运航空公司承运货邮总量超过 176 万吨，是全球最大的货运航空公司之一。

除了拥有由 19 架 MD－11 全货机组成的货机机队外（统计截至 2006 年 12 月），汉莎货运航空公司还利用汉莎客机和马德里航空的腹舱进行货物运输。

汉莎的航空货运、客运以及卡车服务网络覆盖 500 多个城市。大多数航空货物在公司的主要空港 ——法兰克福汉莎空运中心进行操作，其他两个空港为科隆和慕尼黑。

汉莎航空的货运服务：普通货物应用时限优先，快件应用时限加速，特种货物应用定制增值服务。

汉莎货运航空公司的全球网络雇员超过 4 768 名。

### 二、中国市场

德国汉莎航空集团一直立志于开拓中国市场，投资上海浦东国际机场货运站（PACTL）正是为这一长远目标的实现迈出了重要的一步。

在中国，2004 年 10 月 21 日，中国深圳航空公司、德国汉莎货运航空公司以及德国投资与开发有限公司（简称 DEG）三方签署了组建“翡翠国际货运航空有限责任公司”的协议。深圳航空公司拥有合资公司 51%的股份，汉莎货运拥有 25%的股份，DEG 拥有余下的 24%的股份。

翡翠航空货运公司计划总投资 9 000 万美元，初期投资与注册资本为 3 000 万美元。三方股东分别以人民币、美元和欧元现金出资，深圳航空公司、德国汉莎货运航空公司、DEG 折合分别投入 1 530 万美元、750 万美元、720 万美元。

翡翠国际货运航空公司的总经理由德国人泰伟思担任,泰伟思是加入汉莎集团近 20 年的资深高层领导。因此，这也是我国首家由外商直接参与管理的合资航空公司，将全方位引进国外先进的人才、技术、管理和运营模式等。

新的航空货运公司总部设在华南重要的交通枢纽城市深圳。翡翠国际货运航空公司在 2005 年中国春节后开始运营。除了服务中国国内城市外，翡翠国际货运航空公司还通过其两架空中客车 A300-600 货机，通过亚洲内部航线把服务拓展到多个亚洲国家，其中包括印度、马来西亚、新加坡、泰国。在不久的将来，还将把航线网络拓展到亚洲之外的目的地城市。

公司之所以被命名为“翡翠”，是因为在中国文化中，翡翠有很重要的历史地位。翡翠早在公元前 5000 年前就被高度推崇。另外，翡翠也被称为玉石，预示着幸福、繁荣和声望。

## 第四节　中国远洋运输集团

### 一、公司简介

中国远洋运输集团（简称“中远集团”）成立于 1961 年 4 月 27 日。成立之初，它是一个仅有 4 艘船舶、2.26 万载重吨的小型船公司。经过 50 多年的发展，中远集团已经成为以航运、物流码头、修造船为主业的跨国企业集团，已经确立起在国际航运、物流码头和修造船领域的领先地位，稳居《财富》世界 500 强。

目前，中远集团拥有和控制各类现代化商船近 800 艘，5 600 多万载重吨，年货运量超 4 亿吨，远洋航线覆盖全球 160 多个国家和地区的 1 600 多个港口，船队规模位居中国第一、世界第二。其中，集装箱船队规模在国内排名第一、世界排名第五；干散货船队在世界排名第一；专业杂货、多用途和特种运输船队综合实力居世界前列；油轮船队是当今世界超级油轮船队之一。中远集团在全球范围内投资经营着 32 个码头，总泊位达 157 个。根据 Drewry 最新统计，中远集团所属中远太平洋的集装箱码头吞吐量继续保持全球第五。

中远集团拥有丰富的物流设施资源，控制各种物流车辆超过 4 000 台，包括具有 289 个轴线、最大承载能力达 8 000 吨的大件运输车，堆场 249 万平方米，拥有和控制仓库 297 万平方米，在家电、化工、电力、融资等领域为客户提供高附加值服务，为青藏铁路、天津空客、印度电站等国内外多个重大项目提供物流服务，创造了多项业界记录。

中远集团已形成以北京为中心，以我国香港、美洲、欧洲、新加坡、日本、澳洲、韩国、西亚、非洲等九大区域公司为辐射点的全球架构，在 50 多个国家和地区拥有千余家企业和分支机构，员工总数约 13 万人，其中驻外人员 400 多人，外籍员工 4 000 多人，资产总额超过 3 000 亿元。海外资产和收入已超过总量的半数以上，正在形成完整的航运、物流、码头、船舶修造的全球业务链。

## 二、经营领域

中远集团的主要经营领域是航运和物流业务。发展在航运及物流业的领先地位，是中远集团的既定战略和使命。

在航运方面，主要有集装箱运输、干散货运输、游轮运输、杂货及特种船运输。

中远集团的集装箱运输是由中远集装箱运输有限公司（简称“中远集运”）承担，经营着150余艘、总箱位逾63万TEU的集装箱船队。目前，中远集运开辟了跨太平洋、远东至欧洲、日澳、中澳等38条全球运输主干航线，船舶挂靠世界上100多个重要港口，在全球拥有1 000多个代理分支机构，连通五大洲各交通枢纽，辐射到全球各个角落。在中国本土，拥有货运机构300多个，覆盖全国铁路枢纽、公路网站、国际空港和沿海主要口岸，形成以大连、天津、青岛、上海、广州、西安、武汉等地区为支点，连接各主要交通城市的联运网络和运输服务系统。中远集装箱运输的多式联运服务业务，网点遍及欧、美、亚、非、澳五大洲，做到了全方位、全天候“无障碍”服务。

在干货运输上，中远集团目前拥有和控制着全球规模最大、最具实力的干散货运输船队。中远干散货运输船队能够在全球范围内为客户提供矿砂、煤炭、粮食、化肥、钢材、木材、农产品等货物的海上运输服务，航线遍及100多个国家和地区的1 000多个港口。多种不同的船型，以及精湛的船舶营运水平，能够满足客户的各种不同需求。

中远集团的液体散货运输覆盖石油原油、成品油、LPG以及LNG等货物的运输，主要是由旗下的大连远洋运输公司承担。目前拥有和经营各类液体散货运输船舶达50艘，800余万载重吨，其中，油轮船队是中国最大的专业化油轮船队之一。

另外，中远集团以全球班轮和不定期船为主要方式经营100余艘杂货船及特种运输船舶。其中，特种运输船队拥有业界领先的重吊船、半潜船、滚装船、多用途船、木材船、沥青船、汽车专用船，综合实力居世界前列。具有高科技含量的18 000吨“泰安口”和“康盛口”半潜船、50 000吨“祥云口”和“祥瑞口”半潜船，具有装运钻井平台等大型工程设备的能力。在海上装卸过程中，其精度误差小于5 cm，装卸工艺具有世界领先水平。

为了占据在物流领域的领先地位，2002年1月成立了中国远洋物流公司，以整合内部物流资源、优化全球供应链管理，为客户提供全方位的物流服务。目前，该公司已跻身于中国最大的专业化物流企业之列，在国内拥有300多个业务网点。中远集团根据自身市场定位和品牌战略，确定了现代物流、船务代理、货运代理三大核心业务领域，始终坚持品牌化发展的方向，进一步稳固了自身在家电和电子产品、化工、航空、船舶代理等领域的优势地位。中远集团各海外区域公司，也通过延伸传统海运业务，为客户提供增值物流服务。

为了完善其物流服务，中远集团还经营码头和船舶代理业务。中远船舶代理业务始于1953年1月1日，是中国国际船务代理和国际运输代理行业的领先者。作为国际运输公共代理人，中远集团在中国各开放口岸设有80多家船舶代理公司，有遍布全国的300多个业务网点，在美国、欧洲、日本、韩国、新加坡、中国香港设有代表处，与世界上180多个国家和地区的5 000多家企业建立了密切的业务联系，形成了一个为船东、货主提供优质高效服务的网络系统，成为联结船、港、货三方的桥梁和纽带。

中远集团从 20 世纪 80 年代开始关注集装箱码头的发展，研究投资码头的可行性，并开始涉足码头业务。为适应世界集装箱航运市场的变化及业务发展的需要，中远集团越来越多地在国内外进行码头投资和参与码头的经营管理。经过 20 多年的发展，形成了相当大的产业规模，取得了一定的成效。目前，码头产业已成为中远集团发展战略的重要组成部分。根据德鲁里航运咨询公司《全球码头经营商年鉴》的统计，中远集团所属负责码头业务的中远太平洋公司 2010 年位列全球第五大集装箱码头运营商，占全球 6.9%的市场份额。截至 2010 年 12 月底，中远集团在中国、新加坡、美国、欧洲、中东等地共投资并持有 32 个不同权益的码头项目，泊位总数达 156 个。中远集团投资并拥有权益的码头 2010 年吞吐量达 5026.6 万 TEU，同比增长了 12%。截至 2018 年年底，中远海运港口在全球 36 个港口营运及管理 283 个泊位，其中 192 个为集装箱泊位，年处理量约达 1.06 亿 TEU。

中远集团把积极履行企业社会责任与企业发展战略相结合，积极培育“绿色竞争力”，主要国际化经营指数正接近联合国“全球跨国公司 100 强”标准，正逐步确立国际航运、物流码头和修造船领域系统集成者的地位，朝着“全球发展，和谐共赢”的世界航运领先企业和打造“百年中远”的世纪愿景前进。

## 第五节　纵贯阿拉斯加管道

纵贯阿拉斯加管道，俗称阿拉斯加输油管，是连接美国阿拉斯加州北部产油区和南部港口，再转运到美国本土炼油厂的管道运输系统。

该管道自美国阿拉斯加最北部北坡的普拉德霍湾，纵贯整个阿拉斯加地区，终止于南部阿拉斯加湾的不冻港瓦尔迪兹。管道全长 1 277 千米，管径为 1 220 毫米。沿线翻越 1 460 多米高的布鲁克斯岭、近 1 100 米高的阿拉斯加山脉和近 900 米高的楚加奇山脉。穿越主要河流 34 条，其中最大河流为育空河，管道吊挂在公路桥上。管道还通过 700 千米左右的永冻土地带，所经地区的冬季气温一般为 − 48 °C ~ − 51 °C，最低气温为 − 57 °C。

1968 年发现阿拉斯加北坡油田，1973 年年底开始准备修建管道。从 1974 年 4 月到 1977 年 4 月，3 年间修建了沿线的公路、8 座中间泵站、1 座终点站和全部管道工程，输油能力达到每年 5 600 万吨。设计年输油能力最大为 1 亿吨，共需建 12 座中间泵站。每个泵站设 4 台专为这条管道设计的 13 500 马力航空改型燃气轮机，经变速后带动双级离心泵机组，泵的转速为 3 250 转/分，泵组并联运行。北部地区的 4 座泵站，利用专用的天然气管道输送油田气作为动力燃料。另外，有 3 座中间泵站用从拔顶装置抽出的油品作为动力燃料。全部泵站的总装机容量近 650 万马力。

在输油管道的终点站，设有 18 座油罐，总的罐容近 150 万立方米，相当于最大输送能力 7.5 天的运输量。终点站码头有 3 个固定泊位和 1 个浮动泊位，利用 12 英寸和 16 英寸（1 英寸 = 2.54 厘米）的装油臂，可装 1.6 万 ~ 26.5 万吨的油船，将原油运往美国的西部海岸。

输油管自 1977 年 6 月 20 日启用以来，已运送了超过 150 亿桶（2.3 立方千米）的原油，在 1988 年的高峰期每日运量曾达到 210 万桶（3 万立方米）。2001 年其输出量足以填满了 16 700 船次。在瓦尔德兹的码头设四位泊位，耗资 14 亿美元兴建。第一艘抵达装油的油轮是大西洋里奇菲尔德公司的朱诺号（ARCO Juneau），时为 1977 年 8 月 1 日。

# 第十章　物流设备代表案例

物流设备代表案例如表 10-1 所示。

表 10-1　物流设备代表案例

| 设备名称 | 主要功能 | 主要应用场所 | 知名生产商 |
| --- | --- | --- | --- |
| 自动分拣系统 | 自动将商品卸下并进行准确的分类，再将商品运送到指定地点，在收到发货指示时，按所需数量从高层货存架存储系统中取货，并将商品按配送地点的不同运送到不同的理货区域，以便装车配送 | 自动化立体仓库、物流中心、配送中心、流通中心 | 北京烟草物流中心、德马泰克、德国 S+S、日本大福、石川岛自动化、太原刚玉、深圳天和双力 |
| AGV（无人搬运车） | 用电池动力，通过非接触导向装置指定运行方向，自动沿着规定的路径行驶的无人驾驶搬运车辆 | 自动化立体仓库、自动化生产流水线、各行业的物料搬运以及特殊环境、危险品等的无人化搬运 | |
| 穿梭车 | 通过运行机构完成在特定轨道上的运行，到指定位置后，与其他输送设备一起完成货物的存取 | 自动化立体仓库 | |
| 码盘机器人 | 集装货物在托盘上码垛或拆垛时，通过程序编制，采用吸盘或夹具等机械设备完成 | 仓库 | |
| 飞翼车 | 以动力装置驱动货厢翼顶或侧翼自行开启和关闭，便于侧面装卸货物的厢式专用车，其厢体两侧可以完全敞开，装卸设备可以直接从两侧对货物进行装卸作业 | 货物运输 | 湖北新中昌、东风、湖北乘龙 |
| 全货机 | 整个机舱都用于货物运输，载重较大，有较大的舱门，或机身可转折，便于货物装卸，机体较宽，可装载大型集装箱 | 货物运输 | 中国顺丰、美国波音、美国麦道、法国空客、俄罗斯安东诺夫 |

## 第一节　北京烟草物流中心卷烟自动分拣系统

### 一、北京烟草物流中心简介

北京烟草物流中心隶属于北京市烟草专卖局（公司），负责全市卷烟仓储配送工作。物流中心占地面积 0.052 平方千米，总建筑面积 31 000 平方米。库房采用现代化高架立体库存储和激光定位堆垛机入出库，满足年销量 70 万箱和平均储量 4 万箱的营销需求。北京烟草物流中心承载着北京市 18 个区县近 4 万个卷烟零售商户、年销售 380 亿支卷烟的仓储、分拣和配送工作。

### 二、卷烟自动分拣系统简介

占地 3 672 平方米的卷烟自动分拣系统是北京烟草物流中心的最大亮点。它是北京市烟草公司和贵阳普天万向物流技术股份有限公司共同研究开发、设计制造的，具有完全自主知识产权的首套国产卷烟自动分拣系统。该系统包括订单优化子系统、自动备货子系统、自动补货子系统、自动分拣子系统、自动合单子系统、自动装箱子系统、总线自控子系统、计算机监控子系统、计算机信息管理子系统等九个子系统。其主要特点是：系统设计新颖、自动化程度高、分拣效率高、分拣误差率低。

卷烟自动化分拣系统于 2005 年 3 月开始方案设计，2006 年 5 月正式投入生产运行。该系统的研制成功，为烟草公司提高卷烟分拣能力、速度、准确率和时效性，降低物流运营成本，改善工人劳动条件，提高对零售客户的服务质量，提供了一个全新、有效的自动化技术平台。该系统在流程性、协调性、技术性等方面表现出来的科学内涵和严谨的系统设置，可有力地带动、促进烟草公司内部管理水平和人员素质的提高。

### 三、系统主要工作流程

#### （一）数据优化

分拣计算机信息系统自动从 WMS 下载访销数据后，自动进行订单优化、备货件烟库优化、补货优化、分拣优化、装箱优化、电子标签优化，优化完成后通过 WMS 向立库发出要货计划。

#### （二）备货件烟库

备货件烟库是立库和分拣之间的储水室，它将立库的盘烟转化为分拣需要的件烟。备货件烟库的主要功能是满足自动分拣系统的补货需求，衔接自动分拣系统与仓储系统，保证货物的及时获取和向分拣系统输送。备货系统的工艺流程如下：

分拣开始后，当在件烟库中的缓存量低于最小缓存量时，分拣系统根据件烟库缺货情况按顺序启动补货计划，将补货指令发送给自动化仓储系统，根据补货需求，自动化仓储系统调出相应托盘到拆盘工位，拆盘后自动输送到件烟库入库口，根据 A、B 类卷烟分类将件烟入库缓存。

（三）分拣自动补货

自动补货是分拣与件烟库之间的桥梁，根据分拣系统的分拣计划和完成情况，自动向分拣机烟仓补货。根据系统流程，流向自动分拣区的卷烟通过条码扫描，确定卷烟流向，进入补货输送线后分流，进入自动分拣区。卷烟进入自动分拣区补货线根据自动分拣线的补货需求再次分流。从件烟库补充过来的件烟，信息管理系统通过条码扫描器读出该件烟的条码信息，从而确定该件烟是去向自动分拣区一（通道分拣处理系统）、自动分拣区二（塔式分拣处理系统）或者自动分拣区三（通道分拣处理系统），信息管理系统将该件烟的路向信息交给控制系统，由控制系统控制执行机构将该件烟送入对应的补货输送线。分拣自动补货包括通道机自动补货和塔机自动补货。

**1.Ⅱ型通道式分拣机补货（见图 10-1）**

从件烟库按批次出来的件烟，经过条码的识别确认后，在开箱工位经过人工开拆件烟两端后，A 类的品牌按批次顺序分别输送到两台 II 型通道式分拣机的预定烟仓口。推烟机构一次将 50 条推入烟仓，空箱皮输送到输送线的尾端进入空箱回收线。

图 10-1　复合式分拣机

**2. Ⅱ型塔式分拣机智能小车补货（见图 10-2）**

从件烟库按批次出来的件烟，经过条码的识别确认后，在开箱工位经过人工开拆件箱两端后，B 类的品牌按批次顺序分别输送到两台 II 型塔式分拣机的预定补烟通道口，推烟机构一次将 50 条推入补烟通道，补烟通道将 50 条一次传给智能小车，智能小车将烟高速送到烟仓口，由智能小车上的推烟机构自动 5 次、每次 10 条地推进烟仓，空箱皮输送到输送线的尾端进入空箱回收线。

下面是分拣机智能补货小车的工作流程：

当小车 PLC 得到上位机发送来的补烟信息后，随即将该信息进行整理并按预定程序通过串口传送给伺服驱动器，同时也向伺服驱动器发出相关控制信号。小车接收到补货信息、首先以 2 米/秒的行走速度到达指定的件烟某号储存仓（定位精度 2 毫米），然后向件烟储存仓发出信息，表明小车已做好接烟的准备。件烟储存仓在得到小车发来的信号后，随即启动输送机构将件烟传向小车。

图 10-2　智能型条烟补货小车

接烟机构将已开箱的件烟从储存仓平稳地接入小车上，在确认接烟到位后，载烟小车同样以 2 米/秒的行走速度到达指定的塔式机的某号仓（定位精度 2 毫米）。

小车停稳后，件烟步进移动机构和推烟机构进行协调动作，并在规定时间内分 5 次将件烟（50 条）推进到该烟仓中。

#### （四）自动分拣

系统自动对订单进行分拣，通道式分拣机与塔式分拣机协同作业，将相应条烟分拣到各自的传送带。烟条进入装箱系统的缓存带上，由装箱机完成装箱作业，并将装箱完成的周转箱输送到 DPS 系统拣选工位。此时，系统自动判断是否需 DPS 系统参与拣选，如需 DPS 系统参与拣选，则 DPS 系统指示灯亮，同时各货格中的电子标签显示拣选数量，人工按指引拣选，完成后确认；如不需 DPS 系统参与拣选，周转箱则直接前往分拣出口。将周转箱装到托盘上，并备货到发货暂存区，分拣完成。

#### （五）自动装箱、自动合单

自动装箱、自动合单负责接收从自动分拣系统（通道分拣机、塔式分拣机）分拣出来的条烟。条烟通过各自的主线皮带送到本系统的自动装箱线，由塔式分拣机分出来的条烟从上层进入，由通道机分拣出来的条烟从下层进入，按订单的先后顺序进行自动装箱。然后判断该周转箱所对应的订单是否需要补充 C 类品牌的烟。如果配送箱需要去 C 类电子标签拣选区域补充 C 类品牌的烟，则系统控制停放器落下且升降机构落下，该配送箱直接进入电子标签拣选输送线，完成对 C 类品牌烟的补充，并箱过程完成；如果配送箱不需要去 C 类电子标签拣选区域补充 C 类品牌的烟，则周转箱按信息的指令有序进入缓存线等待与电子标签合单的周转箱。

## 第二节　德马泰克多层穿梭车在 Ferdinand Gross 的运用

### 一、德马泰克简介

德马泰克是全球领先物流集成商，为客户提供世界级物料搬运解决方案设计视角。主要致力于产品和解决方案的研发，在美国、欧洲、中国、澳大利亚设有工厂，具有在全球范围内提供可靠、灵活，具有成本效益的解决方案的能力。现在德马泰克在世界范围内拥有员工4 000余名，已有5 000个仓库与配送系统成功案例，全球营业额达10亿欧元。

## 二、多层穿梭车在 Ferdinand Gross 的运用

德马泰克多层穿梭车是一个运用范围很广的新技术，可以在高密度的存储系统中，快速、准确、自动化地选拣作业，适合于有宽泛品规的制造仓库，从装配、产品组装到订单选拣和配送的各个环节（见图 10-3）。多层穿梭车替代了立体库中采用堆垛机在巷道里取放货品，而是采用多元智能的穿梭小车，小车可在存储系统的各层中运行。通过增加额外的小车，可以增加作业效率。小车自动装载货品出入密集存储系统，与库前输送机相连，以正确的顺序输送所选货品，提高了作业效率和产品或订单组合的准确性。

使用了多层穿梭车之后，Ferdinand Gross 的客户服务水平已经得到了显著提高，主要表现在如下方面：

（1）订单处理时间由原来的3.5小时降到30分钟；

（2）将每日订单收货时间延长3小时；

（3）将看板客户的订单处理时间由一周缩短至一天。

图 10-3　多层穿梭车系统概览图

### （一）Ferdinand Gross 采用世界首见的德马泰克多层穿梭车解决方案

Ferdinand Gross 使用的多层穿梭车，由于其独特的安装，具有高动态的拣选功能和无可比拟的灵活性。这个项目的特点是，它同时安装了德马泰克的多层穿梭车的两个版本——"巡回者"和"漫步者"，成为全球首例将两个版本结合的案例。同一个存储系统划分为两个区域，适用相同的穿梭车。该多层穿梭车解决方案货位密度很高，有多达30层货架，所占空间约为高12米、宽20米、长30米。

德马泰克多层穿梭车持续提供每小时1 000多次的拣选效率，每天基本处理出入境货品各40吨。

### （二）多层穿梭车漫步者作业区

多层穿梭车漫步者（见图10-4）系统主要专用于高物动量货品，提高了实用性和灵活性。

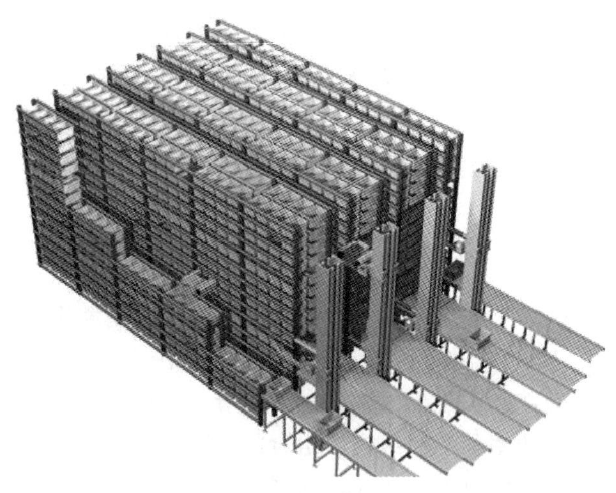

图 10-4　多层穿梭车漫步车

多层穿梭车漫步者满足低至中等处理量的应用要求，同时提供业务成长时所需的灵活性。

相对于传统的自动化料箱式拣选系统，漫步者系统可有效地优化系统和降低成本。在漫步者作业区，20 辆穿梭车负责 59 000 个存储位的货品取放，每小时的作业效率可达 615 次双循环作业次数（同时存储和拣选作业）。每一条巷道都有一辆穿梭车，同时通过提升机在几秒钟内运行在各层之间。穿梭车在轨道上运行至所选的存储位，并存取所需的货品。

（三）多层穿梭车巡回者作业区

多层穿梭车巡回者（见图 10-5）作业区，负责由漫步者作业区过来的订单拣选、货架存储系统和与拣选相关的物流。在这一区域，轨道的各层都有各自的穿梭车。穿梭车从存储位上取走料箱，并将其运送到车道末端的提升机上。提升机垂直运行将其转移到出库输送机上，输送机将其送到最符合人机工学的选拣工位。这样按照客户的订单便利性排序，即根据订单以所需选拣的准确顺序从库存中交付货物。

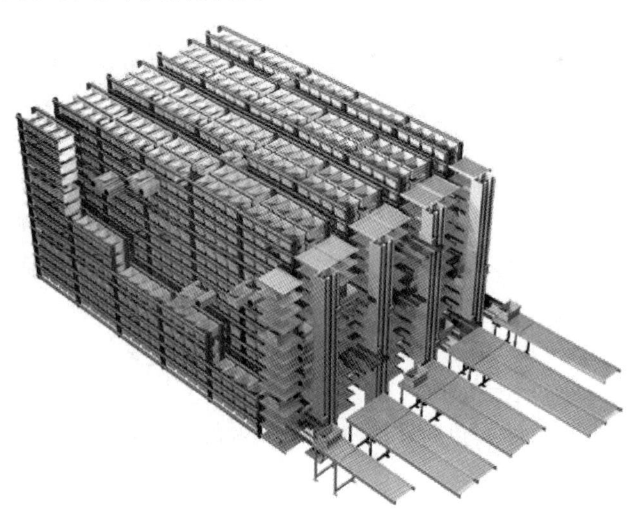

图 10-5　多层穿梭车巡回者

多层穿梭车巡回者是高处理量的最佳选择，高速提升机可将穿梭车送至每个巷道的各层。

巡回者作业区中共有 12 辆穿梭车在运作，负责 5 000 个存储位的货品取放，每小时作业效率为 514 次双循环作业。

（四）多层穿梭车有助于提高客户服务水平

改善客户服务水平是 Ferdinand Gross 配送中心（位于德国莱恩费尔登-埃希特丁根）物流系统升级的主要目的。

多层穿梭车使配送中心的货架存储单位的总数量达到 120 000 个，满足多达 72 000 个标准配件、24 000 个客户特制配件和 11 000 件长期存放的工具的存储要求。

可以将订单收货时间延长 3 个小时，从而为客户得到充分的下单灵活性，并减少分配成本。一旦客户确定了订单交付截止时间，系统中所有的待办订单都被一起出货。多层穿梭车可以更有效地将多个单个订单捆绑出货，减少个体包装的次数及相关的运输和其他成本，从而建立了晚到订单发货窗口。

（五）看板供应链的转变

使用看板的客户从 Ferdinand Gross 公司改进的供应链中获益最大，订单处理时间由一周减至一天。

以前，客户的料箱有一个固定的标签，上面标明货号、货物描述、数量和客户名称。每次客户撤空货箱中的货品，Ferdinand Gross 配送中心就要回收料箱，待装满货品后再出货。

有了新系统后，客户料箱可装载任意货品并重新贴标签，而不是等原来的空箱退回后再开始处理同一个客户的订单。这样，空箱退回的等待过程就省略了。此外，还减少了料箱从客户那里往返的次数，也进一步降低了运输和操作成本。

（六）多层穿梭车解决方案的具体优点

（1）节省空间，存储货位扩展至达 60 000 个；
（2）缩短订单处理时间，将订单收单时间延长 3 小时；
（3）通过增加巡回者多个梭车巷道，提高系统性能；
（4）根据客户要求和个别标签自动排序；
（5）符合人机工学的订单拣选工位，提高操作人员的绩效和安全；
（6）一个员工处理整个订单，提高准确度和可追溯性；
（7）模块化的概念，可实现未来扩展。

## 第三节　顺丰速运的航空货运

### 一、顺丰速运简介

顺丰速运（集团）有限公司（以下简称“顺丰”）于 1993 年成立，总部设在深圳，是一家主要经营国内、国际快递及相关业务的服务性企业。

自成立以来，顺丰始终专注于服务质量的提升，不断满足市场的需求，在我国建立了庞大的信息采集、市场开发、物流配送、快件收派等业务机构，建立了服务客户的全国性网络。同时，也积极拓展国际件服务。目前已开通新加坡、韩国、马来西亚、日本及美国业务。截至 2009 年年底，顺丰就已经建有 3 个分拨中心，近 100 个中转场及 2 000 多个营业网点，覆盖了内地 31 个省区市近 200 个大中城市及 900 多个县级市或城镇。在香港特别行政区的营业网点也覆盖了 18 个行政区中的 17 个，在台湾地区设立的营业网点也覆盖了台湾的主要城市。截至 2018 年年底，顺丰拥有 66 架全货机、9 个枢纽级中转场，49 个航空、铁路站点，143 个片区中转场，330 个集散点。

顺丰航空隶属于顺丰速运（集团）有限公司，致力为顺丰提供快件产品的空运服务，是顺丰快递业务核心竞争力的重要保证，是顺丰速运品牌的有力延伸。

目前顺丰航空拥有以 B757 和 B737 机型为主的全货机机队，主运营基地设在深圳宝安国际机场，构建了以深圳为核心枢纽，向全国辐射的运输网络。

## 二、顺丰航空启航

2010 年 1 月 1 日凌晨，一架黑色涂装的“顺丰航空”波音 B757- 200 型全货飞机顺利抵达杭州萧山国际机场货机坪，标志着由顺丰航空有限公司执飞的深圳—杭州往返货运航线开通，也标志着国内第一家拥有飞机的民营快递公司成功首航。

顺丰速运运营的货运航线网络已覆盖深圳、杭州、潍坊、北京、成都、沈阳等地，并已于 2010 年 1 月 21 日开通杭州至香港的全货机航线。公司现有全货机共 7 架，其中包括 B757-200 型全货机五架，B737-300 型全货机两架，另租用东海和扬子江快运共 13 架全货运飞机和 530 多个客机航班的机腹舱。

## 三、顺丰航空货运的发展历程

2003 年，顺丰就启动了全货机航班包机承运业务，成为国内第一家也是目前唯一一家使用全货运专机的民营快递企业。但随着航空快递业务量的增多，顺丰感受到了运输能力的制约，它不仅要像很多竞争对手一样依靠和航空公司搞好关系来抢夺运送包裹的空间，还要在“截件时间”上受制于人。

在快递行业，时间就是金钱，只有“次日达”“即日达”这样的产品才能实现高利润。自 2004 年始，顺丰航空业务增长幅度年均高达 70%，此时租赁的波音 737 机型已经不能满足日益增多的业务量。尽管通常来说，包机比用自己的飞机更省心，单价成本更低。但如果有自己的航空公司，就可以在产业链条上占据主动，不仅可以自己选择经济性更好的机型，还能根据市场变化不断推出新产品。

于是组建自己的航空公司，成为顺丰的一个战略选择。这显然是一个高风险的投资，因为购买飞机、机务维修、航空燃料、飞行员工资、机场起降费等都是价格不菲的硬性成本。如果没有足够的业务量和利用率，飞机将成为永不停歇的烧钱机器。开创了隔夜投递业务的联邦快递，也是由两架货机开始创业的。在运营的前五年，虽然产品非常有竞争力，但这家公司还是几次濒临绝境，依靠大量的风险投资和不断扩大的机队规模，联邦快递才走出初始困境，成为《财富》500 强公司之一。

## 四、顺丰航空前景光明

2012 年，顺丰航空的航空货运量预计超过 60 万吨。到 2015 年，其自有机队规模由目前的 7 架增加到 25 架以上。截至 2018 年，顺丰航空拥有 66 架全货机。

目前，包括三大航在内的航企所运营的航空货运并不乐观，由于货运需求低迷，航空货运公司很难盈利。但顺丰航空则对其货运需求增长前景表示乐观，而这主要与快递货运需求增长迅速有关。2011 年，顺丰航空的航空货运量已达到 45 万吨。

电子商务的兴起极大地加快了快递业的发展，中国快递业已连续多年保持在 20%以上的发展速度。2011 年，中国快递业同比增速达到 31.9%，同期国内电子商务市场规模同比增长 46.4%。据预计，未来几年国内电子商务将以 35%～40%的增速持续发展，快递业仍有快速发展的空间，而这必然会拉动航空货邮运输量的发展。

2015 年，顺丰航空的货运量达到 150 万吨，约占国内航空货运份额的 17%，约占全国航空货运总量的 25%。2018 年顺丰航空发货量总计约 123.8 万吨，其国内发货量占全国国内航线总货邮运输量约 23%。

虽然中国的航空货运和国外相比，仍然还处于一个初级阶段（仅 FedEx 一家公司就有约 670 架全货机）。但随着电子商务这类市场的快速发展，航空货运量的需求也会随之增大，对全货机的需求自然也会增大。届时会有越来越多的快递物流企业组建自己的全货机机队。

# 第十一章　物流信息技术运用代表案例

物流信息技术研究流程如表 11-1 所示。

表 11-1　物流信息技术研究流程

| 物流信息技术名称 | 应用领域，主要功用 | 知名应用案例 |
| --- | --- | --- |
| 条码技术 | 生产过程跟踪、货物运输跟踪、仓储系统、货物配送、销售点信息系统（POS 系统） | 家乐福、华润万家、海尔物流 |
| 视频识别技术 | 集装箱自动识别、智能托盘、物流通道控制、货物防盗、配送监控 | SONY、沃尔玛、麦德龙 |
| EDI | 物流信息交换、物流信息集成、物流信息管理 | 上海联华、中国远洋运输、美的、宝洁 |
| GIS/GPS | 运输路线选择、运输车辆调度、汽车自定位、跟踪调度、运输管理 | 中石化、伊利、沃尔玛、白沙集团、重庆烟草、新华书店、安利 |
| 物流管理软件 | 物流决策、智能运输、自动仓储、 供应链管理、数据库管理 | 中海物流、UPS、WATSONS、飞利浦、DHL、马士基、海尔物流、摩托罗拉 |

## 第一节　条码技术在海尔物流管理中的应用

### 一、海尔物流概况

海尔集团为了适应新时期经济发展的需求，从 1998 年开始对企业自身业务流程开始改革，成立物流推进本部、商流推进本部和资金推进本部，对企业业务流程的内部实施了市场链咬合的管理模式，注重整个流程的优化与同步工程，消除了企业内部与外部环节的重复、低效的劳动。

海尔物流成立于 1999 年,依托海尔集团的先进管理理念以及海尔集团的强大资源网络构建海尔物流的核心竞争力，为全球客户提供最有竞争力的综合物流集成服务，成为全球最具竞争力的第三方物流企业之一。海尔物流是以订单信息流为中心，以全球需求链资源网络、全球配送网络、计算机网络为基础，三网同步流动，为订单信息流的增值提供了极大的支持。海尔物流注重整个供应链全流程最优与同步工程，不断消除企业内部与外部环节的重复、无效的劳动，让资源在每一个过程中流动时都实现增值，使物流业务能够支持客户实现快速获取订单与满足订单的目标；海尔物流依托先进的物流管理理念及相关技术应用，被中国物流与采购联合会授予首家“中国物流示范基地”和“国家科技进步一等奖”，也获得“中国物流百强企业”“中国物流企业 50 强”“中国物流综合实力百强企业”和“最佳家电物流企业”等殊荣。

海尔物流管理的“一流三网”充分体现了现代物流的特征：“一流”是以订单信息流为中

心；“三网”分别是全球供应链资源网络、全球用户资源网络和计算机信息网络。“三网”同步运作，为订单信息流的增值提供支持。

**1. 为订单而采购，消灭库存**

在海尔，仓库不再是蓄水库，而是一条流动的河流。河中流动的是按单采购生产必需的物资，从根本上消除了呆滞物资、消灭了库存。目前，海尔集团每个月平均接到 6 000 多个销售订单，这些订单的定制产品品种达 7 000 多个，需要采购的物料品种达 15 万多种，月采购额达到几十亿元。海尔物流整合以来，使呆滞物资降低了 73.8%，仓库面积减少了 50%，库存资金减少了 67%。海尔国际物流中心的货区面积虽然只有 7 200 平方米，但它的吞吐量却相当于 30 万平方米的普通平面仓库。

**2. 双赢，赢得全球供应链网络**

海尔通过整合内部资源，优化外部资源使供应商由原来的 2 336 家优化至 978 家，国际化供应商的比例上升了 20%，建立了强大的全球供应链网络，GE、爱默生、巴斯夫等世界 500 强企业都成为海尔的供应商，有力地保障了海尔产品的质量和交货期。不仅如此，更有一批国际化大公司以其高科技和新技术参与到海尔产品的前端设计中来。目前，可以参与产品开发的供应商的比例已达到 32.5%。

**3. JIT 实现同步流程**

实现“以时间消灭空间”的物流管理目的，海尔从最基本的物流容器单元化、集装化、标准化、通用化到物料搬运机械化开始实施，逐步深入对车间工位的五定送料管理系统、日清管理系统进行全面改革，加快了库存资金的周转速度。库存资金周转天数由原来的 30 天以上减少到 12 天，实现了 JIT 过站式物流管理。生产部门按照 B2B、B2C 订单的需求完成以后，可以通过海尔全球配送网络送达用户手中。目前，海尔的配送网络已从城市扩展到农村，从沿海扩展到内地，从国内扩展到国际。全国可调配车辆达 1.6 万辆，目前可以做到物流中心城市 6 ~ 8 小时配送到位，区域配送 24 小时到位，全国主干线分拨配送平均 4.5 天，形成了全国最大的分拨物流体系。

**4. 计算机网络连接新经济速度**

计算机网络连接新经济速度在企业外部，海尔 CRM 和 BBP 电子商务平台的应用架起了与全球用户资源网、全球供应链资源网沟通的桥梁，实现了与用户的零距离。在企业内部，计算机自动控制的各种先进物流设备不但降低了人工成本、提高了劳动效率，还直接提升了物流过程的精细化程度，达到质量零缺陷的目的。计算机管理系统搭建了海尔集团内部的信息高速公路，能将电子商务平台上获得的信息迅速转化为企业内部的信息，以信息代替库存，达到零营运资本的目的。

## 二、条码技术的应用

海尔物流自 2002 年开始逐渐推广条码技术在物流作业中的使用，以达到成品物流过程中面临的准确率、实时性、高效性和问题可追溯性的要求。海尔集团的每台家电产品自开始生产都带有唯一可识别的条形码（SN 码）。该条码由产品型号、生产线、生产日期、流水号等信息组成，以此作为该产品的身份标识，跟踪单台产品的整个生命周期。在物流运作的各个关键环节建立扫描点，并结合 RF 技术，将扫描的信息及时与后台数据库、ERP、LES 等系统进行交互、自动校验，以实现实时准确的信息。同时，通过带扫描头的 PDA 终端设备指导一线作业人员。至 2003 年年底，海尔物流基本完成了所有家电产品从产品下线到装车、调拨、入库、出库、问题追溯等全过程的条码扫描的推广，实现了成品物流全过程的实时数据采集和共享。

条形码在整个流程中的应用范围如图 11-1 所示。

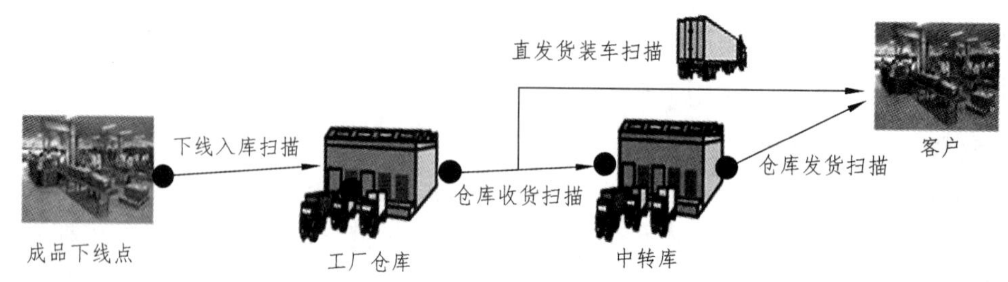


图 11-1　条形码应用范围

1．**成品下线扫描**

海尔集团所有家电产品自下线后就开始进入物流条码管理系统。目前，采用在每条生产线末端安装有线扫描枪实时将下线产品条码采集下来，并同步传到 MES 和 ERP 系统中。一方面，在系统中产生成品库存，并对原材料进行倒冲；另一方面，因为可以实时记录产品下线情况，以便对生产进行及时分析和控制，及时发现生产线中存在的问题。

2．**工厂装车装箱条码扫描**

产品下线后，海尔物流根据工厂的生产计划制订装车计划（国内订单发货）和装箱计划（海外发货）。海尔物流要求成品一下线，就要装车发运给客户，在工厂里不能停留，实现产品“不落地”。这给发货作业提出了极大的挑战，因此必须采用条码技术来提高装车装箱的效率。

3．**成品入库条码扫描**

产品到达各区域配送中心仓库卸货后，需要使用条码扫描系统自动对收货产品条码进行检验核对。与装车的操作相似，使用 RF 手持设备（PDA），扫描运输单，将单据实时传递到数据库，并通过与管理系统 LES 的接口提取单据信息，实时记录车辆到位时间。随后，仓库保管员逐台进行扫描，扫描时系统自动检查型号、数量等信息是否正确。如果型号、数量、批次符合要求，收货后系统自动增加库存，并记录每台产品的入库时间，从而准确提供产品精确的库龄。如果有任何错误，系统会在手持设备上显示错误原因。

4．**成品出库扫描**

客户下达订单办理完出库手续时，系统同时打印出库单和出库单条码，制单员将条码贴在出库单上。保管员扫描出库单上的条码后，系统自动检验单据合法性，并从物流管理系统 LES 接口中获得单据信息。系统将这些信息实时传递到 RF 终端，整个过程不超过 2 秒钟。保管员根据上述信息进行发货，并逐台扫描产品的 SN 码。扫描条码时，除检查型号、数量是否正确外，应自动判断是否符合先进先出的原则。如果不符合不允许出库，从而实现了完全的先进先出的管理。

海尔物流以条码技术为核心，充分应用无线网络通信技术和无线手持电脑终端，快速方便地解决了使用有线方式不易实现的网络联通问题，使网上的各种终端无须线缆介质，具有可移动性，实现了灵活可靠的自动化实时信息管理。条码技术对于提高企业自身物流活动的准确率和效率有着重大作用，在企业未来物流活动的各个环节中也将有很大的应用空间。

## 第二节　沃尔玛 RFID 战略

### 一、沃尔玛概况

沃尔玛公司由美国零售业的传奇人物山姆·沃尔顿于 1962 年在阿肯色州成立。经过近 50 多年的发展，沃尔玛公司已经成为世界最大的私人雇主和连锁零售商，多次荣登《财富》杂志世界 500 强榜首及当选最具价值品牌。目前，沃尔玛在全球 27 个国家开设了超过 10 000 家商场，下设 69 个品牌，全球员工总数 220 多万人，每周光临沃尔玛的顾客达 2 亿人次。2011 财政年度（2010 年 2 月 1 日至 2011 年 1 月 31 日）销售额达 4 190 亿美元，比 2010 财年增长 3.4%。2011 财年，沃尔玛公司和沃尔玛基金会慈善捐赠资金累计 3.19 亿美元、物资累计超过 4.8 亿美元。2010 年，沃尔玛公司再次荣登《财富》世界 500 强榜首，并在《财富》杂志“2010 年最受赞赏企业”调查的零售企业中排名第一。

沃尔玛不仅是零售业的奇迹，也是世界经济发展中恢宏的一页。依据《财富》2012 年世界 500 强统计，沃尔玛位居第 3 位，年度收入 4 469.5 亿美元，同行业排第二的塔吉特公司只有 698.65 亿美元，第三的法切莱公司只有 487.47 亿美元，沃尔玛堪称行业巨无霸。2018 年《财富》杂志公布了世界 500 强企业的名单，沃尔玛再次以年营业收入 4 858 亿美元位于榜单首位，连续 4 年位居全球 500 强企业第一名。目前，世界上还没有其他一家零售业集团能够超越沃尔玛成为世界最大的零售连锁集团。

### 二、沃尔玛的新武器——RFID 战略

20 多年前，沃尔玛曾单枪匹马地在美国市场率先推广使用条形码技术，当时引起广大商家的普遍抵触，但如今条形码已经成为日用消费品进入零售渠道的必备条件。2003 年 6 月，在美国芝加哥市召开的零售业系统展览会上，沃尔玛宣布应用一项称为 RFID 的技术，以此最终代替当前广泛使用的条形码。沃尔玛是第一个宣布将正式采用 RFID 技术的企业。在推广条形码后 20 多年后的今天，沃尔玛开始在自己的商场中强制推广“无线 IC 标签”（RFID）技术，以在零售业中掀起二次革命。沃尔玛实施 RFID 技术的进度如表 11-2 所示。

这个被希望用来取代条形码并委以如此重任的 RFID，究竟是什么？众所周知，条形码虽然在提升零售业中的商品流通效率方面，取得了显著效果，但自身也有一些先天不足。另外，如果条形码撕裂、污损或丢失，扫描仪将无法扫描进而识别商品。条形码通常只能够反映商品的生产厂商与种类（或型号），但涉及商品的保质期等信息就不得不依靠手工输入。但

人工作业很容易导致相关数据不正确，从而导致商品短缺或者积压。即使近年出现的二维条形码一定程度上解决了信息存储量不足的问题，但根本性的难题仍然得不到解决。

表 11-2　沃尔玛实施 RFID 技术的进度

| 时间 | 重要事件 |
| --- | --- |
| 2001 年 | 参与并赞助 Auto-ID Center 进行 RFID 技术研发与测试的计划，把 EPC 标签应用在货物追踪方面 |
| 2003 年 1 月 | 与吉列公司合作试行 Item-Level（单位级）计划。由于吉列公司的原因，计划多次被搁浅 |
| 2003 年 6 月 | 要求其前 100 家供货商自 2005 年 1 月开始无条件地在其供货的托盘和货箱上使用 RFID 标签 |
| 2003 年 7 月 | 终止于吉列公司在 Item-Level 计划上的合作，确认致力于把 RFID 技术应用在个供货商的仓储环节 |
| 2003 年 8 月 | 扩大实施 RFID 技术的范围，要求所有供货商于 2006 年 1 月开始必须在其供货的托盘与货箱上使用 RFID 标签 |
| 2003 年 11 月 | 在主要供货商与科技厂商的会议上，明确宣布实施 RFID 技术。另外，还要求前 30 家供货商于 2004 年 3 月前实施 RFID 技术 |
| 2004 年 3 月 | 将前 30 家供货商实施 RFID 技术的期限调整至 2004 年 6 月 |
| 2004 年 4 月 | 开始在 8 大供货商、1 个配送中心及 7 个零售门店合作进行 RFID 技术的试行计划 |
| 2004 年 6 月 | 到 2005 年 6 月，在 6 个配送中心实施 RFID 技术；到 2005 年 10 月，实现 13 个配送中心和超过 600 家门店实施 RFID 技术；2006 年 1 月，前 200 家供货商都要在货箱与托盘上使用 RFID 标签 |
| 2006 年年初 | 到 2005 年年底，所实施的 EPC RFID 测试计划获得初步成果，因此沃尔玛决定从 2006 年开始，将 EPC RFID 的测试范围扩大至旗下 1 000 家零售门店。此外，沃尔玛还决定从 2007 年 1 月开始，要求其 600 家供货商在其提供的所有商品直接贴上 RFID 标签 |

最简易的 RFID 系统由标签、解读器和天线 3 个部分组成，在现实应用中还需要其他配套的硬件和软件支持。RFID 标签包含产品电子编码（EPC），可以将商品标识成 A 公司于 B 时间、C 地点生产的 D 类商品的第 E 件，突破了一般 EPC 通常只能将产品标识为 A 公司的 B 类商品。由于 RFID 相对的封闭包装，因此也可以用于潮湿、多尘等情况较为复杂的环境中。RFID 的工作原理并不复杂：标签进入磁场后，接收解读器发出的射频信号，凭借感应电流发送出存储在芯片中的产品信息（无源标签或被动标签），或者主动发送某一频率的信号（有源标签或主动标签）；解读器读取信息并解码后，送至中央信息系统进行有关数据处理。由于采用无线数据通信和“防冲突”算法，RFID 系统可以在一定距离之外对商品进行扫描，在不打开商品包装的情况下即准确识别箱内商品的规格与数量。因此，粘贴有 RFID 标签的商品只需在解读器电磁波覆盖范围内停留一定的时间，就可以完成整个识别过程，从而极大地提高商品的处理效率和准确率。

RFID 之所以从出现之后，在相当长的一段时期没有得到应有的发展，有着相对客观的条件限制，但现在 RFID 又再度来袭，则得益于应用环境的成熟与若干新技术的诞生。根本上来说，价格是制约 RFID 广泛应用的决定因素。历经了数十年的发展后，RFID 标签的价格仍然居高不下——无源标签和有源标签的价格分别在 30 美分和 1 美元以上。这对于那些单价比较昂贵，如电子产品和服装等商品来说，影响不大；但对于单价相对较低的快消品来说，使用 RFID 技术就是削足适靴。而且一台 RFID 阅读器的价格都在 1 000 美元以上，运用企业动辄就需要安装数百台甚至上千台类似的设备。再加上其他相关配套的费用，对于一般的企业无疑是天方夜谭。但新的制造技术在将来能极大地降低 RFID 标签的价格。以色列的艾伦公司称，其发明的“流体自装配”（Fluidic Self-Assembly）新工艺可以大大降低制造成本，如果订货量达到 100 亿枚以上的话，价格可以低至 5 美分。据技术专家分析，无源标签的单价下降到 10 美分后，可以大规模地应用于整箱整件的商品；下降到 3 美分以下，就有可能普及到单件包装消费品。由于德州仪器等公司的不懈努力，阅读器等其他硬件设备的价格亦将大幅下降。这样为 RFID 技术广泛推广使用创造了充分的条件。RFID 技术在企业供应链管理中的应用，主要是进行物流跟踪定位，实现模式是将 RFID 标签贴在托盘、包装箱或元器件上，标签记录着物料的相关信息。标签与读写器通过自动的信息传递，在一定程度上减少了遗漏的发生，并大幅提高了工作效率。

沃尔玛从 2004 年开始在物流供应链环节应用 RFID 技术。经过实地检验，沃尔玛的零售商场和配送中心应用 RFID 技术后，商品库存管理效率提高了 10%左右，其货物短缺率和产品脱销率降低了 16%，商品补货速度较之以前提高了 3 倍左右。卖场的补货效率加快了 63%，零售商场和配送中心的商品平均库存量降低了 10%。而在此之前，供货更新周期为半个月或者 1 个月，导致的结果是可能出现大量待售的商品长期积压在商场或者连锁店的仓库内。现在，沃尔玛要求供货商缩短供货周期，增加小批量、多品种和大范围产品的供货频率。只能提供不超过 5 天销售量的商品。沃尔玛从 RFID 应用中获得了如下收益：

（1）进一步减少了统计差错，即时获得准确的信息流与资金流动信息，进一步降低了在供应链各个环节上的安全存货量和运营资本。

（2）提高了终端上物流的自动化程度与运行速度，进一步减少了员工数量，降低了劳动力成本，巩固和扩大了在物流成本上的优势。

（3）加大了财产与商品监控与管理的力度，有效防止了盗窃现象和因遗忘等原因造成的商品损耗；强化了设备管理，优化了配置设备，提高了设备的使用率。

（4）提高了购物的统计与结算速度，减少了排队付款的时间，改善了顾客的购物体验，进而获得了更高的顾客满意度和忠诚度，提高了消费者对企业的认知度。

（5）获取了更大的渠道权力，进一步维系了其在供应链上无可争议的领导者地位。

（6）树立和巩固了技术先锋、行业领头羊的角色，继续打造“光环效应”等。

同时，RFID 将为沃尔玛提供一个向产业链上游整合的强大工具。目前，沃尔玛供应链上的商品从供应商到配送中心的环节一般都是依靠第三方物流公司来完成整个作业流程的。但沃尔玛借着目前的能力和经验，完全可以在相关的物流领域大显身手。借助 RFID 技术，沃尔玛甚至可以实现供应商到门店的直接补货方式——门店发出补货订单，供应商（尤其是像宝洁、卡夫等大供应商）按照商品在门店中陈列，将位置相邻的各种商品打入同一个包装，然后直接发送到商场上架销售。零售业分析师估计，通过采用 RFID 技术，沃尔玛每年可节省约 83.55 亿美元，其中大部分是因不需人工查看而节省的劳动力成本。由于 RFID 标签与相应软件、硬件及设备的投资会稀释掉实施 RFID 技术所节省的成本，所以，沃尔玛致力于推动所有供货商应用 RFID 技术，从扩大 RFID 产品需求角度来降低实施 RFID 技术的成本。

但发现运用 RFID 技术所提供的实时且信息丰富的新方法，才是扩大 RFID 技术应用的焦点，而不是单纯的为货物贴上替代条形码的 RFID 标签而已。这对于必须消化 RFID 标签成本的供货商来说尤其重要。沃尔玛掘到了应用 RFID 战略的“第一桶金”。同时，沃尔玛应用 RFID 的先行之举也带动了其他零售巨头的“动作”，包括麦德龙和百思买等在内的企业，其 RFID 发展计划都已启动并进入实施环节。另外，针对顾客隐私保护、标签数据加密等曾经阻碍 RFID 应用的问题，亦陆续有企业提出了相应的解决方案。可以说，RFID 的应用技术环境已经日臻成熟，大规模的实际应用也有了现实基础。

## 第三节　UPS ——核心竞争优势

### 一、UPS 概况

1907 年，美国 19 岁青年 Jim 从朋友处借来 100 美元，创建了位于华盛顿州西雅图市的美国信使公司（American Messenger Company）。6 年后，美国包裹邮政系统建立。Jim 和他的合作伙伴在人行道边一间简陋的办公室运营业务。尽管竞争残酷，但公司运转良好，这很大程度上得益于 Jim 严格的准则 ——谦恭待客、诚实可靠、全天候服务与价格低廉。这些准则至今仍在指导着 UPS 以最低的价格提供最好的服务。UPS 以其褐色的卡车而闻名，在美国它就是邮政包裹车的代名词。2012 年 3 月，UPS 收购欧洲快递巨头 TNT，成为以营业收入衡量的全球第一大快递公司，2012 年在《财富》杂志世界 500 强排名中列第 177 位。UPS 的业务横跨大西洋和太平洋，在超过 185 个国家和地区为多达 40 亿的顾客提供优质的服务，平均每天向遍布全球的顾客递送 1320 万件包裹。公司向制造商、批发商、零售商、服务公司以及个人提供各种范围的陆路、空运的包裹和单证的递送服务，以及大量的增值服务。截至 2019 年，UPS 业务网点遍布全球 220 多个国家和地区，拥有 49.5 万名员工。2019 年 UPS 营业额达到 740 亿美元，名列《财富》世界 500 强第 132 名。UPS 还荣获 2019《新闻周刊》杂志评选的运输及递送服务的美国最佳客户服务公司，被福布斯评为交通运输领域最具价值的品牌，并且在 2020 JUST 100 社会责任名单、道琼斯可持续发展世界指数和 Harris Poll 声誉商数等多项知名的排行榜与奖项中名列前茅。

### 二、UPS 的核心竞争优势

20 世纪 80 年代初，联邦快递公司以其大型的棕色卡车车队和及时的递送服务，占领了美国绝大多数的包裹速递市场。但是到了 80 年代后期，随着其他竞争对手利用不同的定价策略以及跟踪和开单的创新技术对联邦快递的市场进行蚕食，UPS 的相关收入开始下滑。许多大型托运人希望通过单一服务来源提供全程配送服务，进一步，顾客希望通过掌握更多的物流信息，以利于自身控制成本和提高效率。随着竞争的白热化，这种服务需求变得越来越迫切。正是基于这种服务需求，联邦快递公司从 90 年代初开始致力于物流信息技术的广泛利用和不断升级。今天，提供全面物流信息服务已经成为包裹速递业务中的一个至关重要的核心竞争优势。

1953 年，UPS 重新开始了空运服务，提供东西海岸主要城市间的两天空运服务。运输机满载包裹，使用固定安排好的航线。被称为“UPS 蓝色标签航线”的服务一直在增长，直到 1978 年，包括阿拉斯加和夏威夷在内的所有州都有了这项服务。19 世纪 80 年代，对航空包裹递送业务需求的增加以及联邦政府对航空业管制的解除为 UPS 创造了新的机会。但是，解除管制又引起了新的变化，已经与 UPS 建立合作关系的航空公司减少了航班数或放弃了一些航线。为了确保服务可靠，UPS 开始组建自己的喷气机货运机队，这是同行业中最大的一支。随着服务增长更快的需求，UPS 进入了昼夜航空递送业，并且到 1985 年，UPS 在所有 48 个州和波多黎各实现了次日递送（服务），阿拉斯加和夏威夷后来也加入了进来。同年，UPS 进入了一个新纪元，开展了国际空运包裹与文档服务，将美国与 6 个欧洲国家联接起来。1988 年，联邦航空管理局（FAA）授权 UPS 运营自己的飞机。这样，UPS 成了一家正式的航空公司，即 UPS 航空公司。UPS 航空公司是 FAA 历史上发展最快的航空公司。如今，UPS 航空公司是全美十大航空公司之一，其特色是拥有世界上最先进的信息系统。从 1993 年开始，UPS 每天为超过 100 万名的固定客户递送 1 150 万件邮件，这使 UPS 必须开发新技术才能保持高效率和低价格。UPSnet 系统应运而生，使 UPS 摆脱了 80 年代初的颓势，再度确立了行业龙头老大的地位。

UPSnet 是 UPS 应用的一种全球电子数据通信网络。该系统连接了 46 个国家和地区的 1 300 多个 UPS 配送站，每天可跟踪 82.1 万个包裹。在 UPSnet 中已经配备了第三代速递资料收集器 III 型 DIAD，这是业界最先进的手提式计算机，几乎可同时收集和传输实时包裹传递信息，也可让客户及时了解包裹的传送现状。这台 DIAD 配置了一个内部无线装置，可在所有传递信息输入后立即向联邦快递数据中心发送信息。司机只需扫描包裹上的条形码，获得收件人的签字，输入收件人的姓名，并按动一个键，就可同时完成交易并送出数据。III 型 DIAD 的内部无线装置还在送货车司机和发货人之间建立了双向文本通信。专门负责某个办公大楼或商业中心的司机可缩短约 30 分钟的上门收货时间。每当接收到一个信息，DIAD 角上的指示灯就会闪动，提醒司机注意。这对消费者来说，不仅意味着所寄送的物品能很快发送，还可随时“跟踪”包裹的行踪。通过这一过程，速递业真正实现了从点到点、户对户的单一速递模式，除向为客户提供传统速递服务外，还包括库房、运输及售后服务等全方位的物流服务，从而大大拓展了传统物流的概念。

1994 年 UPS.com 问世，客户可以通过该网站跟踪正在运输中的包裹。如今，UPS.com 每天都收到数百万条在线邮件跟踪请求。1995 年 UPS 成立了 UPS 物流集团，可以根据客户需求提供全球供应链管理解决方案和咨询服务。1999 年 11 月，UPS 首次向公众提供其股份，从而增强了 UPS 实力。UPS 的供应链解决方案业务部是个流线型的组织，它为客户提供物流、金融、邮件和咨询服务。UPS 的业务基础是枢纽加辐射的网络结构，运营中心收集来自用户的包裹并将其送到枢纽。枢纽在集中了许多运营中心送来的包裹后对它们进行分类，然后分配到其他运营中心或枢纽，最终到达目的地。

19 世纪 80 年代中期，UPS 也开始将其经营重点从高效率及可靠地经营转移到面向客户上，主要注重客户需求。今天，UPS 提供许多客户信息服务，如 TotalTrack 和 MaxiShip。TotalTrack 是基于全国性的蜂窝移动数据系统，可以为客户即时提供所有具有条形码的空中和地面包裹的追踪信息。MaxiShip 是基于计算机的系统，可以让客户管理全部的分发处理，从包裹的定价和分区到用户定义的管理报表的准备。同时，UPS 也继续扩展了其基本服务，从定价和服务付款方式到整个业务的新分类。例如，存货特快专递是一种合约物流管理服务，其中 UPS 存储客户的商品，在需要时运送或是“适时”甚至更深远，就是 UPS 全球物流服务，一种全面的咨询服务，其中 UPS 依靠客户的个人需要来提供服务。这些个人需要可能包含运费付款方式、海关通关、仓储、货运公司的选择、价格商议、追踪、信息系统、电子数据交换、机队管理、订单处理和存货控制等。

随着行业内竞争日趋激烈，UPS 承担起帮助提供递送和信息服务来加速国际运输并便捷化管理海外业务。UPS 全球信息网络可以让美国和许多其他国家的海关官员知道仍在途中将要入关的货物。基于这种情况，UPS 在所有的世界顶级市场都设有报关机构（占所有国际贸易的 76%），覆盖了全球的贸易中心，可以在那里持续、可靠、灵活地开展业务。许多包裹快递在入关时就已经获得了通关授权。另一项 UPS 的服务项目：合并通关，这样可以使大量的国际货物由海关成批合并、通关，然后通过 UPS 网络发给每个收件方。UPS 的客户可以从许多国际服务中心挑选，包括 2 日国际特快，3 至 5 日的加速服务和昼夜快送服务。与此同时，UPS 的国际客户服务代表全天 24 小时帮助每个客户追踪全球的货物并确认送达时间。

从上述事件可以看出，物流信息技术通过切入物流企业的业务流程来实现对物流企业各生产要素的合理组合与高效利用，降低了经营成本，产生了明显的经济效益。它有效地把各种零散数据变为商业智慧，赋予了物流企业新型的生产要素 ——信息，大大提高了物流企业的业务预测和管理能力，通过“点、线、面”的立体式综合管理，实现了物流企业内部一体化和外部供应链的统一管理，有效地帮助物流企业提高服务素质，提升了物流企业的整体效益。具体地说，它能有效地为物流企业解决单点管理和网络化业务之间的矛盾、成本和客户服务质量之间的矛盾、有限的静态资源和动态市场之间的矛盾、现在和未来预测之间的矛盾等。

# 参考文献


[1] 汪应洛. 系统工程[M]. 北京：机械工业出版社，2008.

[2] 高隆昌. 系统学原理[M]. 北京：科学出版社，2010.

[3] 孙东川，林福永，孙凯. 系统工程引论[M].北京：清华大学出版社，2009.

[4] 赵晓康，王维红. 20 世纪系统思想的发展演变[J]. 国外社会科学，2002（2）.

[5] 马红霞，钱兆华. 20 世纪系统思想发展的回顾[J]. 系统辩证学学报，2003（1）.

[6] 赵晓康，王维红. 论当代系统思想的最新发展及演变趋势[J]. 系统辩证学学报，2002（4）.

[7] 刘文海. 论系统思想[J]. 中国社会科学院研究生院学报，1993（4）.

[8] 苗东升. 系统科学论[J]. 系统辩证学学报，1998（10）.

[9] 吴清一. 现代物流概论[M]. 北京：中国物资出版社，2005.

[10] 王之泰. 物流工程研究[M]. 北京：首都经济贸易大学出版社，2003.

[11] 肖亮，沈祖志，李浩，等. 物流系统分析与设计[M]. 2 版. 北京：高等教育出版社，2009.

[12] 欧阳首承，陈刚毅，林益. 信息数字化与预测[M]. 北京：气象出版社，2009.

[13] 韩伯棠，张平淡. 战略管理[M]. 北京：高等教育出版社，2010.

[14] 宋建阳. 物流战略与规划[M]. 广州：华南理工出版社，2006.

[15] 王方华. 物流企业战略管理[M]. 上海：复旦大学出版社，1997.

[16] 甘碧群. 国际市场营销学[M]. 北京：高等教育出版社，2001.

[17] 方欣. 企业战略管理[M]. 北京：科学出版社，2008.

[18] 欧阳培，欧阳强. 电力企业经营战略管理管理[M]. 北京：中国电力出版社，2001.

[19] 王鑫. T 公司物流战略的规划和实施研究[D]. 苏州：苏州大学，2014.

[20] 刘子毅.京东物流战略研究[J]. 全国流通经济，2019（6）：13-14.

[21] 李小开. 福州市邮政公司跨境电商物流战略研究[D]. 福州：福州大学，2017.

[22] 戴玉婷. 中铁特货南昌分公司冷链物流发展战略研究[D]. 南昌：华东交通大学，2018.

[23] 张锦. 物流规划原理与方法[M]. 成都：西南交通大学出版社，2009.

[24] 平海. 物流系统设计与分析[M]. 北京：清华大学出版社，北京交通大学出版社，2010.

[25] 施国洪. 物流系统规划与设计[M]. 重庆：重庆大学出版社，2009.

[26] 张中强. 物流系统规划与设计[M]. 北京：清华大学出版社，2011.

[27] 李浩. 物流系统规划与设计[M]. 杭州：浙江大学出版社，2009.

[28] 郝勇，张丽，黄建伟. 物流系统规划与设计[M]. 北京：清华大学出版社，2008.

[29] 程永生. 物流系统分析[M]. 北京：中国物资出版社，2010.

[30] 李嘉. 公路设计百问[M]. 北京：人民交通出版社，2003.

[31] 苗大维，邓域才. 铁路选线设计原理[M]. 北京：中国铁道出版社，1983.

[32] 熊浩. 多车型车辆共享的 MDVRP 问题及其遗传算法[J]. 华中师范大学学报，2010（1）.

[33] 马保松，曾聪. 世界管道物流运输的发展趋势[J]. 海外视窗，2004（9）.
[34] 陆雄文. 管理学大辞典[M]. 上海：上海辞书出版社，2013.
[35] 俊毅. 水产品冷链物流标准体系构建研究[J]. 标准科学，2019（4）.
[36] 刘琰，杨博，胡冶. 我国物流信息平台标准化体系研究[J]. 标准科学，2018（7）.
[37] 苏秦. 质量管理与可靠性[M]. 北京：机械工业出版社，2006.
[38] 王冬梅. 全面质量管理基础知识[M]. 安徽：安徽科技出版社，2010.
[39] 马林，何桢. 六西格玛管理[M]. 北京：中国人民大学出版社，2009.
[40] 李春艳. 物流信息技术在现代物流中的应用[J]. 物流技术，2012，31（3）.
[41] 徐双庆. 现代物流信息技术发展解析[J]. 环海经济瞭望，2010（7）.
[42] 施磊. 自动识别技术在物流领域的应用现状和趋势[J]. 物流技术与应用，2007（7）.
[43] 施晓军. 物流信息技术与信息系统[M]. 成都：四川人民出版社，2009.
[44] 闫柏睿. RFID 在物流系统中的应用分析及实证[J]. 价值工程，2010（19）.
[45] 陈淑仪. EDI 技术[M]. 北京：人民邮电出版社，1997.
[46] 张烨. 物流自动化系统[M]. 杭州：浙江大学出版社，2009.
[47] 王红军. EDI 及其在物流中的应用[J]. 交通科技，2001（6）.
[48] 欧阳文霞. 物流信息技术[M]. 北京：人民交通出版社，2002.
[49] 张弦. 物流设施设备应用与管理[M]. 武汉：华中科技大学出版社，2009，11.
[50] 杨明骆. 物流企业管理信息系统分析与实现研究[D]. 成都：电子科技大学，2009.
[51] 贺彩玲，王红艳. 物流管理信息系统及其开发[J]. 价值工程，2011（21）.
[52] 欧阳文霞. 物流信息技术[M]. 北京：人民交通出版社，2001.
[53] 王晓霞，孟令全. 现代物流信息技术发展趋势[J]. 合作经济与科技，2010（11）.
[54] 王睿星. 自动导引车设计与研究[D]. 南京：南京理工大学，2005.
[55] 日本临空城 ——产业和城市发展的联合体[J]. 宁波经济（财经视点），2010（9）.
[56] 陆易. 聚焦上海外高桥保税物流园区[J]. 涉外税务，2005（10）.
[57] 杨文浩. 城市交通问题与城市地下物流系统[J]. 物流工程与管理，2009（5）.
[58] 马保松，曾聪. 世界管道物流运输的发展趋势[J]. 综合运输，2004（9）.
[59] 潘家华，张德国. 阿拉斯加管道[J]. 油气储运，1994（13）.
[60] 万志坚. 物流企业运营实务与案例分析[M]. 北京：中国财富出版社，2006.
[61] 张庆英. 物流案例分析与实践[M]. 北京：电子工业出版社，2010.
[62] 江宏，赵皎云. 独具开创性的北京烟草物流中心[J]. 物流技术与应用，2010（4）.
[63] 朱江. 从顺丰航空启航看民营快递发展[J]. 空运商务，2010（6）.
[64] 孙红. 物流设备与技术[M]. 南京：东南大学出版社，2006.
[65] 范钦满，周桂良. 物流装备于应用[M]. 北京：清华大学出版社，2011.
[66] 张庆英. 物流案例分析与实践[M]. 北京：电子工业出版社，2010.
[67] 田丰权，沈向东. 物流管理案例分析[M]. 北京：电子工业出版社，2010.
[68] 牛鱼龙. 中国物流百强案例[M]. 重庆：重庆大学出版社，2007.
[69] 施晓军. 物流信息技术与信息系统[M]. 成都：四川人民出版社，2009.
[70] 刘伟. 物流与供应链管理案例[M]. 成都：四川人民出版社，2009.
[71] 刘长文，吉惠. 条码扫描及 RF 技术在海尔成品物流管理中的应用[J]. 物流技术与应用，

2005，10（8）.
[72] 耿雪霏. RFID 技术在供应链管理中的应用[J]. 物流科技，2005（7）.
[73] 石新泓，石志华. RFID ——沃尔玛强化核心竞争力的新武器[J]. 物流技术，2004（1）.
[74] 张庆英. 物流案例分析与实践[M]. 北京：电子工业出版社，2010.
[75] 田丰权. 沈向东.物流管理案例分析[M]. 北京：电子工业出版社，2010.
[76] 牛鱼龙. 中国物流百强案例[M]. 重庆：重庆大学出版社，2007.
[77] 牛鱼龙. 亚洲物流经典案例[M]. 重庆：重庆大学出版社，2007.
[78] 牛鱼龙. 日本物流经典案例[M]. 重庆：重庆大学出版社，2007.
[79] 万志坚 .物流企业运营实务与案例分析[M]. 北京：中国物资出版社，2006.
[80] 刘伟. 物流与供应链管理案例[M]. 成都：四川人民出版社，2009.
[81] 葛星. 快胜 —— ZARA 极速盈利模式[M]. 北京：清华大学出版社，2008.
[82] 凤丽. 数字化服装的发展趋势[J]. 国际纺织导报，2004（4）.
[83] 孔健. 企业的第三利润源 ——走进现代物流管理领域[J]. 华东经济管理，2001，15（2）.
[84] 杨忠诚. 中国物流业的现状问题与对策[J].改革与战略，2002（7-8）.